La noche del Aguafiestas

JURADO

Pablo Armando Fernández

Julio Travieso

Humberto Arenal

La noche del Aguafiestas

ANTÓN ARRUFAT

LETRAS CUBANAS

PREMIO ALEJO CARPENTIER

NOVELA

2000

Edición: **Ana María Muñoz Bachs**
Dirección artística y diseño: **Alfredo Montoto Sánchez**
Foto de cubierta: **José Manuel Rubio**
Composición computarizada: **Evelio Almeida Perdomo**

ISBN 959-10-0553-9

Instituto Cubano del Libro. Editorial Letras Cubanas.
Palacio del Segundo Cabo,

Impreso por: Editorial Linotipia Bolívar y Cía.
Santafé de Bogotá, D.C. - Colombia

1

Pues esa noche, de paseo por La Habana, estuvo muy locuaz. Cualquier cosa le servía de asunto, se le convertía en tema.Sus amigos lo escuchaban exaltados y se detenían en las esquinas, no para cuidarlo y cuidarse del tránsito, a esas horas casi convertido en palabra, sino para rodearlo, acuciarlo con preguntas, contradecirlo un poco y espolear su imaginación de contrincante. Ellos lo sabían: que lo contradijeran le encantaba, y lo llevaba, presa de su encadenamiento lógico, a nuevos desarrollos y novedosas perspectivas. A esa hora, en la alta noche, estaba la ciudad de La Habana completamente dócil, diáfano el cielo y estrellado, según su costumbre de verano, apagados los televisores, terminada su diaria ración de bobería.

El Aguafiestas, así lo tenían bautizado, se aventuró en el tema de la relectura. No de la lectura, del que nunca se ocupó hasta la fecha, sino de la relectura. Se refería al efecto que en el lector habitual producía volver a un texto significativo para él, y al hecho de clasificar el valor de los libros según la mayor o menor necesidad que le inspiraba releerlos. De eso hablaba el Aguafiestas, cuando, mientras caminaban, y acorde con su modo, citó a un autor al que se disponía a contradecir, renglón oral seguido. ¿Han leído a Emile Faguet? Tales preguntas salían de su garganta en tono despectivo, sin vacilación, con insolencia retadora. Pero solía ocurrir que si alguno de sus peripatéticos contertulios conocía al autor mencionado, lo callaba para no impedir el despliegue de su discurso. La pregunta era sólo el exordio. El Aguafiestas no requería respuesta, ni la buscaba. En un libro encantador de Emile Faguet, crítico olvidado con entera justicia y a quien suelo releer con provecho, encontré una serie de observaciones agudas sobre el arte y la virtud de la relectura. Su libro es un tratadito delicioso, escrito con la gracia y lucidez tradicional de los franceses lúcidos y graciosos, y no con la tradicional pedantería francesa que representan eficazmente Hippolyte Taine y Paul Claudel. Dice allí Faguet algunas cosas importantes, dichas como si no lo fueran, y que hacen meditar.

Así el Aguafiestas se lanzó en el tema del releer. La noche avanzaba, y sus contertulios avanzaban también. La noche por el cielo y por los árboles y viejos fragmentos de murallas habaneras, ellos por las calles, parándose en las esquinas, fumando, pendientes de la peroración del Aguafiestas. Uno relee, afirma el señor Faguet, cuando es viejo. Es un placer de la vejez. ¿Qué les parece? Pues que es cierto, dijeron todos, muy contentos. Y el Aguafiestas, acorde con su práctica, dijo que no. Un *no* tan rotundo que las risas se helaron y la noche pareció detenerse: ellos y Faguet estaban equivocados. Si pensaban bien el asunto se darían cuenta. De niño se releía más que de anciano. Explica eso, pidió uno de los amigos. Y él no explicó nada. Pasó a una de esas preguntas que le gustaba formular. Cuando niños, ¿qué hacían ustedes? Un montón de cosas. Pero de niño no se vale. ¡Pues sí se vale!, exclamó el Aguafiestas muy decidido. Todos rieron en la mitad de la noche. Alguien que no podía dormir gritó, desde su cama de insomne, cállense, cabrones, mañana hay que trabajar. Y el Aguafiestas, la cara encendida, invitó a los amigos a seguir trabajando. Si el desvelado ese no puede conciliar el sueño, que se ponga a releer y nos cuente lo que le pasa releyendo. Siguió con su andar animoso, su hablar impertinente. Pues de muchacho, ustedes se acordarán, uno tiene muy pocos libros. O si tiene muchos, da lo mismo, le gustan pocos, pocos lo convencen y poquitos lo apasionan. Los niños son lectores difíciles de contentar. No leen nada por obligación cultural. Felizmente para ellos, leen lo que les da la gana. Y a los libros que les gustan, sin que puedan explicar el motivo, vuelven a cada rato. Yo leía tirado en el piso, el libro acostado ante los ojos. Otros se meten debajo de la cama o se tiran bocarriba. De chico apenas se lee sentado. Como los hábitos no se hallan configurados del todo, uno busca sus propios lugares, lugares de la infancia, y adopta sus propias posturas. Lo está estrenando todo en el mundo. Cuenta Proust en una página inolvidable, o mejor dicho, describe en una página inolvidable, el sentimiento de asombro y recogimiento que nos produce la lectura cuando somos párvulos, o pipiolos, como dice un cómico de la tele. Voy a glosarles la página, amigos míos. Cada vez que digo esto, recuerdo una frase familiar a Aristóteles. Y precisamente ahora que vamos caminando viene a propósito: "¡Oh, amigos míos, no hay ningún amigo!" Los amigos del Aguafiestas estaban acostumbrados a sus desplantes y negaciones ruidosas. El Aguafiestas, que no podía existir sin la compañía, sin la conversación entre amigos, negaba el hecho a cada instante. Proust tampoco, continuó, creía mucho en esto de la amistad. Creía más en la amistad de los libros. Respecto a esa página de que vengo hablando, sobre nuestras lecturas de infancia, hay cosas dichas en ella que siempre creí inexpresables. La dichosa página forma parte del prólogo a *Pastiches et Mélanges*.

Tenía el Aguafiestas la superstición de conocer idiomas y el gusto de citar los títulos, cada vez que podía, en la lengua original. Nunca sus amigos supieron en rigor y profundidad hasta dónde conocía los idiomas en que citaba, y cuántos eran éstos. Pero habían alcanzado una certidumbre: todos los pronunciaba mal.

Memorizo y gloso el comienzo. Se refiere Proust a los días de la infancia en que más hemos vivido, pese a creer que nada vivimos, y son aquellos pasados con un libro de nuestra preferencia. Y soy yo quien les digo, el Aguafiestas —pues a él divertía el mote: era como la divisa de un caballero medieval, aunque sin dama reconocida, o con varias sin reconocer—. Les digo que tal libro preferido es, indudablemente, no leído sino releído, y Proust debió escribirlo así. Releído con gozo y varias veces. Tales veces pueden ser interrumpidas o seguidas: abandonándolo por una temporada, o terminado, volviéndolo a coger entre las manos. La infancia es obstinada en sus gustos. Durante esa edad privilegiada en que los libros queridos se manosean, se pintan o pintorrean, se duerme con ellos y se quisiera uno bañar en su compañía, en esa edad privilegiada, repito, amigos míos, caminantes nocturnos, y ya alguien dijo que el genio es la infancia recuperada a voluntad, y otro, a quien ustedes no conocen ni por carátula, y es Alain, que el mayor aporte que nos pueden hacer los hombres de edad es contarnos las experiencias de su juventud, quién no recuerda esas lecturas o relecturas, digo yo rectificando a Proust —que en esto sufrió seguramente un lapsus—, tempranito en la mañana, la mejor de todas las horas para releer, cuando en la casa se han marchado a dar un paseo o al trabajo, han salido por frutas y legumbres al mercado, la casa está solitaria, callada, pues sepan ustedes, ruidosos cubanos nocherniegos, y el Aguafiestas se regocijó de lo lindo al poner en circulación oral, en plena calle y entrada la madrugada, un vocablo que consideraba en desuso, que la lectura busca soledad y apartamiento, el árbol más frondoso del Prado o del Parque de la Fraternidad. Sin duda, y quien posea vista sagaz lo percibe, alrededor del lector se tiende una especie de halo, un círculo luminoso que lo aparta del resto de los mortales. Va de viaje el lector, sin pasaporte y sin maleta. Si ya usa de la silla, cuando es mayorcito, se le vuelve voladora. Para él no existen fronteras ni policía de inmigración. De repente se presenta en Yonville y entra en la sala de la Bovary, asiste a su boda, y sin que nadie pueda impedírselo, sube al coche cerrado en el que Emma engaña a su marido con un amante. El lector es un testigo que asoma nariz y ojos en cualquier lugar y en cualquier época.

Amigos, vuelvo a mi materia. Creo que me interné en una digresión, o según aparece con frecuencia en nuestra prensa, en una disgresión. ¿Por dónde iba? Por la mañana, dijo alguien con sorna. Gracias. La mañana está a punto de asomar, y no trajimos un termo de café con leche. Proust se refugiaba, caten lenguaraces el vocablo, en el comedor de su casa para releer, como supongo yo. Los platos de las paredes no pronunciaban una palabra, el reloj de péndola y el fuego de la estufa lanzaban frases sin sentido o que no requerían respuesta, no entablaban diálogo con el libro, sino, y más bien, servían de acompañantes mortecinos. Nada había que responderles. Pero, Aristarco, te has desviado del tema. Eso piensas tú. Tengo más ordenamiento mental que un teutón. Todo esto lo digo porque en la infancia vivimos enamorados de pocos libros y a ellos regresamos, no en busca de algo nuevo, sino de lo que ya sabemos. Por eso es mi deber contradecir al señor Faguet, en este tiempo y en esta isla caribeña, ambos bien distantes. Creo que Faguet compuso en Francia su tratadito por mil novecientos diez y pico. Aristarco Valdés, tildado el Aguafiestas, nunca daba una fecha exacta.

Habían llegado a la Avenida del Puerto. La bahía era de tinta y el silencio, denso. Resplandecían las luces amarillas del alumbrado y un barco se iba por el puerto hacia el mar, la sirena muda. Tras dejar descabezado a Faguet y rebatida ampliamente su afirmación acerca de que el releer es placer de viejos, cuando lo es de niños y también de ocambos, por supuesto, pasaré a enumerar las tres razones que este señor Faguet aporta del hábito de releer en su *ars legendi*, y la voz del Aguafiestas vibró de gozo. Hábito, afición o sabiduría, como ustedes quieran. Pero antes, y con método de novelista policial, creador del fácil suspenso y otras baratijas narrativas, citaré un desplante del inglés William Hazlitt, al que releo con provecho continuo. ¿Desde tu niñez?, preguntó guasón uno de los amigos. Desde que aprendí a releer, lo que tú no aprendiste todavía, y cruzó la Avenida dando grandes zancadas, seguido por sus tres acompañantes. Se sentaron en el muro del Malecón. En fila india sentada, dijo alguien. Y el Aguafiestas deslizó encantado la frase de Hazlitt: "Odio los libros nuevos. Poseo veinte o treinta volúmenes que releo y vuelvo a releer, una y otra vez, y son los únicos que me gustan." Luego de esta opinión descomunal, vienen las tres razones de Faguet. Fíjense que son razones. El señor Faguet es un buen francés racionalista, no un buen francés irracionalista como Lautréamont. Releer puede hacerse por tres razones. No sé si las digo en su orden primigenio —caten, caten—, pero es el orden en que las recuerdo. ¿O mi memoria les dio otro más apropiado y justo? La primera, que se relee para comprender mejor. La segunda, para comprenderse mejor. Y la última, para gozar nuevamente el estilo. Cada una merece un comentario, y lo dejaremos para otro día, si volvemos a encontrarnos y el encuentro obtiene que me siga latiendo el corazón.

Hubo un silencio, que uno de los contertulios se arriesgó a romper. ¿Entonces releer es volver a vivir? Eso dicen. ¿Y tú aceptas o no, Aristarco? ¿Qué fiesta nos vas a aguar? Si se trata de la fiesta del ejercicio de la mente, del espíritu y la imaginación, ninguna. Por el contrario, contribuiré a ella con una agudeza. Déjenme decirles, ahora que la noche se precipita hacia el horizonte del mar, que releer es volver a vivir, y yo lo acepto. Pero nunca se vive de igual manera, ni siquiera haciendo el amor con quien amamos. Cada momento de la vida es, sutilmente, diferente. Y releer forma parte de tales momentos. Nuestra piel se modifica. O con más exactitud: es pausadamente diversa. Releer libros amados es descubrir que ya no somos los mismos. Algo queda en nosotros sin duda, y algo ha cambiado. El Aguafiestas miró hacia el mar. Disfrutaremos pronto del futuro nacimiento del sol, viejo y eternamente renovado, como nuestras pupilas. Aunque mi vida corra peligro, no hablemos más. Será una epifanía. ¿No oyen el canto claro y armonioso de Memnón ante la aparición de la aurora? Son las olitas contra el arrecife, dijo alguien bajo el influjo del Aguafiestas. Ellas también cantan, tú. Déjame a mí los jarros de agua helada.

2

¿Lo han visto? ¿Tú sabes dónde está? No, no lo habían visto. Tres de sus fraternos contertulios lo buscaron por todos los lugares en que solía aparecer, con su cuerpo de atleta y la sonrisa de filósofo, sin encontrarlo. Recorrían La Habana Vieja cuando intercambiaron sus preguntas. ¿Dónde se habrá metido el Aristarco?, terminaron por interrogarse, y caminando siguieron. Sin duda, debía estar atravesando una de sus etapas de evaporación.

El Aguafiestas, como los coches anacrónicos o como quienes intentan hacerse desear mediante la ausencia, desaparecía de la circulación. Sus amigos no lo encontraban, ni tenían punto fijo donde encontrarlo. Aristarco Valdés carecía —o ellos lo ignoraban— de casa, habitación, cueva reconocibles. Vivía por Luyanó o Tallapiedra... Otras veces mejoraba de aire, y habitaba el Vedado o Miramar. ¿Pero dónde? Ninguno de sus interlocutores lo sabía a ciencia cierta ni habitáculo fijo. Semejante en esto a Nadja y a su hermana mayor la Maga, le gustaba al Aguafiestas, tras una larga y desconcertante ausencia, aparecer de repente, sin previo aviso, citas u horarios establecidos. A lo que llamaba *irrumpir.* Verbo exacto: se acomodaba con sus grandes gesticulaciones, su apostura y sus inmensas carcajadas. Al no tener casa, tampoco tenía teléfono. En eso era terminante. Yo no soy esclavo de aparatos. Algunos que padecen con las máquinas, cuando se les rompen, no recuerdan caminar. Ni se atreven a subir a una guagua. Se les oye lamentarse, llegan tarde o se quedan en casa aterrados, como si no tuvieran piernas. El teléfono es otra esclavitud, y una pérdida de la personalidad. Aclara eso, Ari, pidió uno al oírlo. Se vive pendiente de las llamadas. Si suena mucho, encabrona, y si no suena, angustia. Vas y lo levantas con una interrogante terrible: ¿estará roto? Y ahora te respondo: en vez de una persona, eres un aparato con número. Si se rompe, nadie te visita. Pierdes a los amigos y dejas de existir. A mí, quien me quiera y quiera verme, que me busque o que me invente.

Cuando recorrían los sitios habaneros que acostumbraba frecuentar, lo hacían sus amigos con el sobresalto —callado o proclamado— de que el Aguafiestas pudiera aparecer, *irrumpir*, en cualquier esquina, a media calle. O lo descubrieran sentado en el banco de un parque, las piernas cruzadas, enlazadas las manos y en movimiento la cabeza, sonriente, simulando que era él quien los había sorprendido.

En sus días joviales, de burlería criolla, solía silbarles sin dejarse ver, con silbido inconfundible. Chasquido estridente, rápido, como llamado perentorio de auxilio, que venía desde una columna habanera, infinitamente igual e infinitamente repetida, tras la que se ocultaba Aristarco. Se asomaba chiflando de nuevo y dejándose ver, para ocultarse al instante. Allí estaba, llamándolos, dispuesto al diálogo, a la conversación chispeante. Había terminado uno de sus períodos de evaporación.

Desaparecer, invernar como los osos polares, yacer en cámara helada, en su *hibernatus*, víctima de un filtro que detiene el tiempo y permite al corazón latir sin embargo, Julieta en su sepulcro fingido, y, a semejanza del protagonista de *Time machine*, pero sin polvo ni flor mustia en la mano, reaparecer lozano y erguido, con nuevas opiniones paradójicas, estimulantes para sus tres amigos, era la pasión más vital del Aguafiestas.

¿Y qué haría durante el *hibernatus*? Ninguno tampoco lo sabía. Si ignoraban su paradero, ignoraban también lo que hacía en sus desapariciones. Aristarco borraba cada huella. Esos estados duraban dos o tres semanas, dos o tres meses. Sus amigos perdían su rastro, su figura, su voz.

Pero en esa ocasión, caminando por la calle Mercaderes sin creer que lo encontrarían o creyendo que tal vez silbaría de improviso y les pondría una mano repentina en el hombro, los sorprendió el chiflido. Se volvieron, parados en seco. Nada vieron de inmediato. Estaban en la acera, frente a La Torre de Marfil, cuando el chiflido volvió a estremecerlos. Entonces descubrieron al Aguafiestas dentro del restaurante, sentado a una mesa, solo, ante una espléndida comida china. Los llamó haciendo señales como si estuviera en el puesto de mando de un buque, dispuesto a zarpar rumbo a Shanghai.

Hacía tiempo que te buscábamos. Hacía tiempo que no nos veíamos, respondió entonces Aristarco Valdés. Pero ya nos hemos encontrado y nada menos que alrededor de una comida china. Tomen asiento, amigos míos, y se mostró obsequioso. Mandaré que pongan tres cubiertos más, pues supongo que no han comido. Desgraciadamente estamos repletos, dijeron a coro los tres, y se sentaron. Aristarco soltó una de sus carcajadas. Han tomado una medida sabia: me excusa de insistir con el Capitán, y no aumentará la dolorosa. Ése era el calificativo que daba a la cuenta, siguiendo en esto una expresión de sus mayores. Es lástima que pierdan estas exquisiteces orientales, pasadas un poco por la calle Mott de New York, calle donde los chinos empezaron su asentamiento en la urbe. Pues como ya conocen, y si no lo conocen tendrán la oportunidad de enterarse por mi boca, la comida china que se consume en occidente es más neoyorquina que de Cantón. Como no es posible aumentarme el dolor, tal vez, cuando llegue el momento postrero, puedan sumarse a este banquete solitario.

Los globos de papel rojo, encendidos, esparcían sobre la mesa un círculo rojizo, sobre la mesa y en la cabeza del Aguafiestas.

Roja era también la luz de una especie de candelero, encerrado en una pieza de ébano tallado y seda pintada, encima del blanco mantel. Rojas, un rojo idéntico, las chaquetas de los camareros, cubanos achinados y de pelo lacio, que se movían con parsimonia alrededor de la cena. Todo era rojizo, incluso la cara del Aristarco parecía más sonrosada y pulida que de costumbre.

No crean que al sentarme aquí experimenté el asombro de Marco Polo al ocupar la mesa del Gran Khan y conocer por vez primera la cocina de la China milenaria. No empecé por ostras de Ning Po, ni seguiré con deliciosas hebras de aletas de tiburón, para continuar con ojos de carnero y picadillo de ajo, un plato de nenúfares en almíbar, y como remate naranjas de Cantón y arroz sacramental. No, amigos, y sorbió una cucharada. Empiezo con Chun Kuo Tong, modesta sopa china deliciosamente cubanizada en la calle Zanja. Y soltó una de sus carcajadas, a las que apellidaba *homéricas*.

¿Y qué motivo los trae por estos parajes? Te buscábamos. Paseando, te buscábamos. ¿Perdido? Me encanta esa expresión tan cubanamente ambigua. ¿Qué será ese perdido que dicen cuando dejan de verlo a uno? ¿Perdido de la vista ajena o extraviado del cariño de los demás? Perdido o hallado, no importa. Oí a un viejo decirle a una parejita de jóvenes que se besuqueaban en plena calle, la juventud está perdida, y la muchacha, que tenía al parecer la inteligencia despierta, ripostó sin vacilar: perdida para usted. Qué múltiple de sentidos la manera de hablar nuestra. Es un juego polisémico, como diría el Dante. Yo estaba muy cerca de ustedes y muy lejos. Cerca en la mente, distante con el resto del cuerpo. Y se llevó a la boca otra cucharada de sopa. Sus labios de gustador eran prominentes, sensuales. He reaparecido. ¿Me extrañaron? Con la cabeza y la voz afirmaron los tres. Siempre que me extrañen, reapareceré. ¿Venían pensando en mí? El coro confirmó de nuevo. Siempre que piensen en mí, reapareceré. Según los medievales, ciertos seres no deben invocarse, porque se corre el riesgo de que se presenten. Concluyó el Chun Kuo Tong, retiró el plato y suspiró. Pasó al Chun Khin, y se sirvió de la fuente de rollitos. Se ven tan tiernos, juveniles. Rollitos de primavera. La cocina china, una de las grandes cocinas del mundo junto a la francesa y la mexicana, conjuga la aparente oposición entre lo agrio y lo dulce. La nuestra, pobre por cierto, entre lo hervido y lo frito.

Uno de sus interlocutores dijo entonces que en la charla anterior, sentados en el muro del Malecón, se había quedado algo pendiente. Los otros dos asintieron. Confían demasiado en mi memoria. No me acuerdo de ese algo que se quedó sin desarrollar, en el tintero de la lengua. Despejen el horizonte mental, recordándomelo. Pues se trata de las tres razones para releer un libro. ¡Caramba! Las tres razones. Se han puesto a meditar, opinó a continuación con tono de pregunta, si la memoria se extinguiera... Es decir, para ser preciso, si las funciones de la memoria dejaran de funcionar, y su voz adquirió un dejo irónico, qué sería de los seres humanos. No se trata de fallar, pues falla, suele fallar, y acaba de ocurrirme. Se trata de que la memoria se apague, como el farol de una esquina en la noche. Si tal señora dejara de prestarnos sus silenciosos servicios, asistencias misteriosas e imprevistas, qué iba a pasar con nuestro saber, acumulado con tanto esfuerzo durante siglos. La lectura, por supuesto, resultaría irrecuperable, y la relectura, pura irrisión. Sola se quedaría la inteligencia, sin su archivera. Fantasmagóricos vagaríamos por las ciudades. No alcanzaríamos a pronunciar el nombre de sus calles ni nuestro propio nombre. El saber adquirido se borraría de nuestras mentes a cada segundo. Tenemos diarias experiencias de este hecho atroz. Las llamamos "quedarse en blanco". Y nada más atroz que la tal blancura. Les ocurre a los actores, cuando no recuerdan la letra, quedarse vacíos, perplejos, embobecidos. ¿Cómo seguir? Los demás, que todavía recuerdan, miran al desmemoriado estupefactos, en un pánico. La obra está en suspenso, un blanco suspenso. Entonces, los que recuerdan le soplan la letra, y la letra salva el desastre. El actor recupera su humanidad. Vuelve a *decir*, y por tanto, vuelve a ser persona. Nuestra mente, en esos instantes, se esfuerza hasta el dolor. Ha perdido algo, y no puede, por el momento, recuperarlo. Si el exceso de memoria es un imposible y una enfermedad, como sucede al Funes de Borges, la carencia de memoria es un desastre. Ambas tienen idéntico final: la ruina del pasado individual y colectivo. Los recuerdos de Luis Buñuel,

Mi último suspiro, se abren con un párrafo estremecedor. Díganme ahora que lo recuerdan. Es necesario, para que al menos pueda comer gustoso este primaveral rollito. Si quieres, Aristarco, te cuento el inicio de ese suspiro, acudió en su ayuda el llamado Jenofonte. Te lo agradecería. Así alejamos la posibilidad atroz de quedarnos en blanco.

El que Aristarco apodaba Jenofonte, pasó a recordar el comienzo de las memorias de Buñuel. Casi lo repitió textual. La madre de Buñuel, en los últimos años de su vida, fue perdiendo poco a poco la memoria. Sus hijos hacían con ella la siguiente prueba: le daban una revista y la madre la miraba atentamente, de la primera página a la última. Luego se la quitaban y fingían darle otra, que en realidad era la misma. Volvía a hojearla con idéntico interés. Así llegó a no reconocer a sus hijos. Olvidó sus nombres, quiénes eran y hasta quién era ella misma. Luis Buñuel entraba y le daba un beso. Se sentaba a su lado un rato —su madre gozaba de buena salud y se mantenía ágil— y salía después de la habitación. De nuevo entraba al poco rato. La madre lo recibía con idéntica sonrisa, lo invitaba a sentarse como si lo viera por primera vez, y sin saber ni cómo se llamaba su hijo.

La cara enrojecida de Aristarco se había puesto sombría. Dijo de repente que eso le recordaba a una amiga, a la que quería mucho. Los tres se quedaron en vilo, a la espera de alguna confesión íntima, hecho inusitado en el Aguafiestas. Pero no continuó. Se limitó a contar la anécdota, sin agregar nada sobre la desconocida.

Leía mucho. Las novelas la entusiasmaban. Parecía como vivirlas. Transformaba los personajes en sus amistades. Reproducía el argumento sin olvidar nada. Una vez me contó *Orgullo y prejuicio*, de trama tan desvanecida que, si me viera precisado a contarla, daría varios traspiés, detallada y minuciosamente. Al cabo de un tiempo la vi leyendo dicha obra. Acercándome le dije que por qué releía esa novela que conocía tan bien. Me miró sorprendida. No se acordaba de haberla leído nunca.

La relectura, dijo tras un silencio, es imposible sin la memoria. Un día tendremos que levantarle, a la usanza de los antiguos, un monumento a esa diosa. Una estatua a su memoria. En un parque apropiado. Se me ocurre que en el Parque de la Fraternidad, opinó un amigo. El Aguafiestas, recuperado el humor, soltó una carcajada. ¡Exactamente! Sin memoria no habría fraternidad ni tampoco gratitud. Se nos han olvidado las tres razones. ¡Ya ven, amigos míos! Paguemos tributo a la diosa: dejemos las tres razones para el postre.

3

El camarero trajo el plato siguiente. El menú, ordenado por el Aguafiestas, estaba a punto de terminar.

¿De veras que han comido?, indagó otra vez, risueño el semblante. La comida china parecía también contribuir a devolverle el buen humor. Cierto, Ari, comimos, antes de encontrarte. Pues les noto cara de desventura. Figúrate, y la mano del llamado Jenofonte hizo una seña, no es para menos. Comprendo. Delante de algo así, como este platico chino. Su voz adquirió un dejo cariñoso, y se le quedó mirando. Con la punta de su tenedor pinchó tiernamente un camarón. Dejó el tenedor en alto y exclamó, *¡delicadeza suma!* Hasta el nombre es una maravilla: Chao Ja Lux. Me sabe a latín, latín clásico. Consiento: con su mezcla de italiano. Ya veo en tu cara, en ese aire impulsivo tuyo, que estás tratando, Filonús, de iniciar el torneo de las contradicciones. Espera el momento. Llegará, si llega, y si no, igualmente seremos felices esta noche. Miren, mejor contemplen, estos camarones salteados con tallos de vegetales, cebollas y ajíes, como sólo los chinos lo saben hacer. El camarón tan pequeñito, saltarín y vivo en el agua marina, delicadamente yace, ofreciéndome sus venturas. ¿No está de acuerdo conmigo, camarero? Asintió el camarero, que parecía bisnieto de chinos. De eso usted conoce más que yo, manifestó mientras se alejaba, doblada la blanca servilleta sobre el brazo. Él y yo, noches atrás, tuvimos una conversación alrededor de los camarones, y en general de mariscos, y le hice conocer algunos detalles. No es bueno que la gente ignore de lo que vive.

Contó que aquella conversación llegó a adquirir ribetes polémicos. Aparecieron en ella las diferencias entre el camarón chino y el natural, entre el tamaño, mucho mayor según insistía el Aristarco, del camarón americano comparado con el europeo, y la leyenda de que al percibir, a su modo larval por supuesto, la proximidad de la muerte, el camarón regresa al lugar de su nacimiento para morir entre los suyos, a semejanza de otros animales, la ballena o el elefante.

En esto Filonús soltó la risa. Vaya, Aristarco, equiparar al pobrecito camarón con el paquidermo africano. La muerte los iguala, ripostó de golpe el Aguafiestas. Cojan la metáfora al vuelo. No me obliguen a la aburrida exactitud. Hay horas en que se es hondo, exacto, y otras, ingenioso y ligero. *Paradoxa*, nunca *doxa*, concluyó citando una de sus divisas, y ensartó en el tenedor tres camarones. Final del viaje, el último del día. Que estos tres animalitos, hermosos yacentes, alimenten mi vida. Y se los comió.

Dijo entonces el llamado Jenofonte que un amigo suyo aseguraba que la langosta Thermidor lo impresionaba por su plenitud litúrgica, perfumada, extensa. Es mucho más, agregó entusiasmado Aristarco Valdés, es una catedral gótica: asciende al cielo.

Jugueteando con el tenedor se dirigió de pronto al tercero de sus interlocutores. Guardas silencio, meditabundo. Me callo porque recuerdo. ¡Caramba! Si yo no hablara o me hicieran hablar, no recordaría. El tercero le preguntó, ¿o no hablas si no te recuerdan? Hubo un silencio, increíble entre ellos, bastante prolongado.

Fue el Aguafiestas quien volvió a dirigirse al tercero. Cuéntanos tu recuerdo. Miraba yo los camarones cuando de repente me acordé... Sí, amigo, así es el recuerdo, imprevisto, asaltante. No subrayes lo obvio, que es fatigoso. Estos camarones, continuó el tercero, me recordaron otros. Mi madre me enseñó a limpiar camarones en la cocina de la casa. Me enseñó a quitarles el caparazón, a cortarlo, a apretarlo por un extremo, y el camarón..., como que lo abandona de un salto. Claro, impaciente por llegar a mi boca, interrumpió el Aguafiestas. Todavía me parece tener en los dedos la sensación de la dureza húmeda del caparazón, el tierno cuerpecito del crustáceo, y unía el tercero las yemas de varios dedos de su mano derecha. ¿Y qué más?, preguntó Aristarco, tras comer unos tallos de vegetales, el tenedor en alto. No. Más nada. El tenedor descendió, tocando suave el plato. Una corta lección de memoria, resumió el Aguafiestas. Aludía al principio de la charla en La Torre de Marfil.

No te creíamos tan aficionado a los placeres de la mesa, al buen yantar, observó Jenofonte. Claro. No soy comilón. Me conformo con pequeñas raciones, pero bien cocinadas. En lindos platos, sobre un limpio mantel, una flor solita, contestó Aristarco. Frugalidad, sencillez, apuntó Jenofonte. ¡Exactamente, amigo! Tolero más una obra extensa que una extensa comida. Me entran ganas de levantarme, dejarla a medias, cuando me siento satisfecho. Si a menudo suelo decirme la sentencia de Kafka, “La impaciencia es el peor de los males”, no consigo ponerla en práctica. Con ciertas obras extensas sin embargo ocurre, en esto semejantes al amor logrado, que no se quiere terminar con ellas, llegar a la última página. Pero es mi propósito advertirles: la cantidad que ingiero la disfruto igual que si se tratara de un banquete en la casa de Luculus, romano al que gustaba atracarse. Soy frugal, frugal en todo. Nada en exceso, advertían los griegos antiguos. Y me parece, además, que el cubano es pueblo de comer poco. De boca sobria, cazuela modesta, más bien pobre y no muy variada, según dije hace un rato. No es pueblo de tragones ni glotones, felizmente, creo yo. Y para que no se diga que deliro, menciono o presento pruebas. Dos solamente. Ya en el siglo pasado, por la década del treinta o del cuarenta, y por un momento volvió a su imprecisión cronológica peculiar, *madame la condesse* de Merlin, pronunció gustoso y remató diciendo Merlán, regresó a la Isla, después de residir muchos años en París, y observó que el cubano, rico o pobre, comía poco de una vez, "como los pájaros". Breve era el tiempo que dedicaba a una cena, y sin embargo, se le encontraba a cualquier hora del día con una fruta o terrón de azúcar en la boca. Hemos seguido así, picoteadores, zunzunes de la comida, y de muchas otras cosas. Ya veo al Filonús venir. Sí, razonable: el picotear tiene desfavorables aspectos, veleidad e inconstancia, y peligrosos sobre todo en el orden social. Pero no cabe dudar de que picoteamos. Como la luna, la inconstante, a pesar de todo siempre acabamos por salir. Y soltó una de sus ruidosas carcajadas.

Voy a la segunda prueba, pues dije la primera.

Se trata de una comparación. Para realizarla, leerse previamente el almuerzo que describe, o más exacto, enumera, Cirilo Villaverde en *Cecilia Valdés*, almuerzo diario de la familia Gamboa en su casona habanera, que hoy ya nos parece pantagruélico, y compararlo con las comidas, realmente agotadoras, que aparecen en las novelas de Dostoiewski o Tolstoi. Y si quieren, para acercarnos a nuestra tradición, con una de las que aparecen en Galdós o Eça de Queiroz. El cotejo resultará abrumador, pero instructivo. Y si me consideran muy siglo diecinueve y muy antiguo, su voz vibró paródica, acudiré a una prueba actual. Actual y cinematográfica. Ah, resplandecen sus caras de partidarios de la pantalla y la cámara oscura. Pues ustedes, que no se pierden un filme de Bergman, no tienen más que confrontar la alucinante, interminable secuencia de la cena de Pascuas en *Fanny y Alexander*, con una comidita nuestra, tanto del diecinueve como de los años del siglo veinte. Mediten acerca de esto, amigos míos, y varios camarones se perdieron en su boca.

Volvió luego a la opinión de Jenofonte. No me gusta levantarme de la mesa repleto, demasiado material, sino disponible, fresco, atlético. Comer, para empezar al rato a bostezar, los párpados inflamados y la respiración estertorosa, qué va, amigos. El cuerpo listo, la mirada vigilante. Tampoco me gusta la beatería de los vegetarianos. Nada de entregarme a entonar palinodia alguna, ni siquiera la de la zanahoria. Y prosiguió refiriéndose al hecho de que los vegetarianos se justificaban al afirmar las virtudes curativas de la zanahoria, o las diuréticas del chayote. No me digan que cayeron en tal inopia, y se hallan dispuestos al vituperio de los mariscos, a jurar que el estofado de carnero es putrefacto. No profieran, amigos míos, en este santuario de marfil, donde parece que un dragón de seda entrará de improviso, semejante irreverencia. Los camarones son una maravilla natural, tanto en el agua como en el plato, animalitos conmovedores, y muy generosos. Útiles hasta después de muertos. Y éstos, salteados con tallitos y ajíes, son incluso un tanto vegetarianos. Concilian ambas posibilidades, en apetitosa síntesis hegeliana.

Tuvo que taparse los labios para impedir que la risa, espontánea y saludable en él, despidiera de su boca un pedazo de camarón en forma de proyectil. Tras reponerse aseguró que un cronista calificaría tal plato como "eximio". O más exactamente, "divino".

Hizo una pausa.

No sé si les he contado que tiempo atrás iba a la Biblioteca Nacional y me ponía a leer cronistas. Y Filonús lo interrogó guasón. ¿Cronistas de Indias? ¡Eso es lectura de Carpentier! Cronistas sociales, los del *grand monde*. Encantado pasaba varias horas en la tarde. Salía de la Biblioteca regocijado. Después curé de ese gusto tan peligroso que consiste en estar cerca de lo picúo, y disfrutarlo a sabiendas.

Apuntó a continuación que el cubano había inventado nuevas categorías estéticas. Existían lo cursi, lo ridículo, y el cubano agregaba una escala inferior, lo picúo. Lo picúo es más que cursi, está más abajo. Al igual que lo populachero es más que lo popular y lo populista. En esto debe figurar también lo cheo, otra categoría. Un día habrá que organizarlas debidamente. Pueden ser nuestra contribución a las categorías estéticas del mundo.

Aristarco, ¿no te parece que divagas?

El Aguafiestas miró al tercero de sus amigos, y nada respondió. Terminó el plato de camarones y se limpió la boca con la servilleta. La colocó de nuevo en sus piernas, la alisó despacioso. Ya te responderé, dijo súbitamente.

De aquella afición por la lectura de crónicas sociales, se me quedaron grabados algunos momentos inolvidables. Quiero decir, de prosa inolvidable. Como ustedes saben, y si no, ahora lo aprenderán, así es de dadivosa la vida, los cronistas dedicaban a las bodas y grandes fiestas los mayores esfuerzos descriptivos de su pluma. Recuerdo que en una de estas crónicas, al hablar de la novia se decía: "Iba preciosa con un modelo de Lanvin, en jersey de seda. La larga cola la cubría totalmente el vaporoso velo de tul ilusión, el cual velaba el rostro, sostenido por una original diadema de azahares y diminutas rositas."

¿No es una delicia? Los he visto sonreír. Uno se pregunta, ante ese sostenido fatal: qué sostenía, ¿el velo o el rostro? ¿Y qué me dicen de esas rositas? No sólo eran rositas, sino también diminutas. Serían invisibles, opinó Jenofonte. El Aguafiestas vociferó. ¡Claro! La palabra que transforma la naturaleza y las cosas. A mí me encanta, comentó Filonús, el "iba preciosa". Veo moverse a la novia, caminar por la senda nupcial. Es un gran momento, continuó Aristarco, pero sólo el inicio de esta jitanjáfora del disparate. En tanto la novia caminaba hacia el altar, el cronista se fijó en las claraboyas del templo: "óvalos cuadrados por donde penetraba la luz clarividente del astro del día". Qué prodigio geométrico encierran estas líneas. Tras los camarones, esto es la culminación. La Torre de Marfil pareció estremecerse con una de sus carcajadas *homéricas*.

¿Y qué te parece esa luz clarividente? Un acierto, una fiesta intelectual que no me atrevo a aguar, Jenofonte. Sin duda se trata de los ojos de Apolo. El dios, que al penetrar en el templo ha vuelto cuadrado lo ovalado, mira a la novia pasar. Un dios que desciende, *deus ex machina*, el Aguafiestas no perdía oportunidad, en la boda de una criolla. ¿No era Apolo un dios clarividente, el astro del día? Este cronista cubiche, hombre de cultura recóndita, trazaba imágenes con alusiones secretas. Como los pequeños barrocos, prefería la perífrasis al término llano. No dice el sol, dice el astro del día. Era un *kenningarero*. Los primitivos rapsodas de Islandia nunca decían el lago, sino "baño de los cisnes", nunca el fuego, sino "el gallo rojo", nunca la nave, sino "el dragón negro". Paso por esta erudición de segunda a toda prisa, para dejarlos meditar en otro momento imperecedero. Antes de subir al altar, "el velo de la novia formaba con el piso un ángulo agudo". Disfruten del velo misterioso, serpiente de cascabel, y del piso que parece moverse como durante un terremoto.

No quisiera interrumpir el éxtasis, dijo al cabo de un minuto, pero se me ha acusado de divagar, y tengo que defenderme. Su voz se tornó solemne, solemnemente teatral. A la mesa me gusta hablar de cualquier cosa. Hilar el hilo invisible de la madeja universal. Sigo en esto a mi amado Plutarco, coleccionador de curiosidades. De esas curiosidades que abarcan desde la gravedad de la muerte o la desdicha del amor frustrado, hasta proposiciones parecidas a ésta: "¿por qué la A es la primera letra del alfabeto?" Al final, o al principio si lo desean ustedes, todo tiene que ver con todo. Todo se enlaza, hasta se embrolla, y las cosas se miran en las cosas. Nada, amigos míos, se entiende solo. Y todo lo sabemos entre todos, como asegura un proverbio italiano, que le gustaba citar a Blas Pascal y a Alfonso Reyes. Uno francés, matemático y jansenista, y el otro mexicano, humanista y sensual. ¿Satisfecho, joven?

El tercero hizo un signo de asentimiento. Anunció que citaría una sentencia de Goethe que apoyaba en algo, según le parecía, lo que acababa de decir Aristarco. ¡Venga esa sentencia! ¡Que otra mente diferente se nos una! Pues es así, más o menos: "Sólo entre todos los hombres es vivido por completo lo humano." El Aguafiestas alzó el tenedor y el cuchillo y los hizo sonar. Aplauden también los metales, dijo.

Cuando se disponía a proseguir su charla, se acercó el camarero. Aristarco, elevando la voz, manifestó que el ceremonial de la comida tocaba a su fin. Aquí tenemos al hombre que cerrará el broche, diría quizá un cronista. Los invito, amigos, pidan por esa boca. Como ya comieron, recomiendo las frutas. Yo, que también comí, las pediré igualmente. Sui Kuo. La risa se le asomaba a los labios. Tras retirar los platos y anotar el pedido, el camarero se fue.

El Aguafiestas tamborileaba en la mesa. La luz rojiza del candelero pareció avivarse. Los amigos se dieron cuenta: Aristarco marcaba un ritmo de conga. Una, dos y tres, qué paso más chévere, canturreó. Preguntó de pronto que si no se acordaban. Una, dos y tres... Estoy en deuda. Qué poco memoriosos. Ahora que ustedes se han sumado al momento postrero, dijo con seriedad simulada, debo cumplir lo prometido. Empecemos por la primera.

4

¿Conversando...? Había llegado sin un ruido, casi inmaterial, con esa manera suya de andar y presentarse, con el cuerpo evadido un tanto. ¡Miren, lenguaraces! ¡Aparecieron entre nosotros la gracia y la belleza! Bienvenidas o bienllegadas. Ya nos hacía falta el elemento femenino, y Aristarco trazó un ademán gentil, de oficioso galanteador. Alguien aseguró, al final de una obra célebre, y miró a sus contertulios retador, que lo eterno femenino nos impulsa al cielo, desprendido del cuerpo lo mortal y perecedero. Sin embargo, a mí lo femenino me deja en tierra. Me hunde en tierra. Me hace ver y comprender la hermosura terrenal, dichosa, amenazada, y más hermosa cuanto más efímera. La recién llegada se recostó leve en la silla de Jenofonte. ¡Vaya cadencia! Sólo una mujer puede recostarse de tal modo en una silla de palo, prorrumpió entusiasmado el tercero de los interlocutores. Cuando no es gorda ni le suda el labio, replicó el Aguafiestas, siguiendo su método riguroso. Nuestro diálogo se disponía a iniciar una aventura en el proceloso mar de las teorías, mar o lagunato, y apareces tú. ¿Qué nos importa ahora la primera razón del releer? Creo, lo descubro en tus grandes ojos siempre asombrados, que llegas para rescatarnos por un rato de la gravedad insípida. Todos la saludaron, y ella respondió al saludo pronunciando sus nombres, la voz frágil y no obstante muy clara. Pero siéntate, mujer. Cumple con el arte civil de estar sentado, y nada menos que a una mesa china, lamentablemente en sus postrimerías. Filonús, arrímale una silla, para que se sume a la tertulia con el número cinco. Y Aristarco apuntó en dirección de una mesa cercana. Aquélla parece desocupada, dijo confidencial. Pide permiso antes de traerla, no sea una pifia de los sentidos, y se halle ocupada por el fantasma de Canterville. O el de Guanabacoa, tocador de bongó.

Cuando llegó la silla vacía, se levantaron y abrieron espacio alrededor de la mesa. La recién llegada se acomodó, separada un poco del borde, y cruzó las piernas. Descansó el codo en la rodilla, el mentón en la palma de la mano.

¿Cuántos anillos llevas? Cuéntalos tú, y le tendió su mano. El Aguafiestas contó hasta seis. ¿Es un número mágico? ¿Pitagórico? "Todo está arreglado según el número", opinaba el de Samos. Me parece que el tres era el número pitagórico, rectificó ella, y retiró la mano. Simples metales lisos, sus anillos resplandecieron brevemente bajo la luz de los globos de papel rojo. El tres preside tantas cosas. ¿No desentona en este ambiente que les diga una sentencia de Lao-Tsé? ¡Caramba! Venga de ahí. Viene como anillo a un dedo chino, y soltó la risa el Aguafiestas. "El uno engendra el dos —ella dijo entonces, con una seriedad muy graciosa—, el dos engendra el tres, y el tres engendra todas las cosas." La fragilidad de su voz era encantadora.

Aristarco dio tres golpes en la mesa con el tenedor. Tres eran las razones que debíamos tratar esta noche. ¿Debíamos o queríamos? En fin, con el número tres, con tres razones, estábamos dispuestos al juego de la imaginación, la inteligencia y el espíritu. ¡Y salieron a relucir tres cosas más! Ahora di tú, Filonús, las tuyas. Pasado, presente y futuro. Te toca, Jenofonte. Nacimiento, vida y muerte. Y el tercero mencionó a continuación, dentro del mismo ritmo, triángulo, trébol, tridente... Las tres cabezas del Cancerbero, las tres caras de Hécate, agregó ella, volviendo a dejar el mentón sobre su mano. El Aguafiestas, sonreído, remató la enumeración de tríadas. Tesis, antítesis y síntesis. Tres gardenias para ti...

Hicieron un silencio.

La recién llegada vestía siempre de blanco. La saya amplia y larga, de lino basto o lienzo muy lavado, casi le cubría los tobillos. Sólo en la blusa, con mangas hasta el codo, y de idéntico material, una pizca de color, amarillo y azul tenues, en el entredós del escote o el remate de las mangas. Los anillos de metal liso, contados por Aristarco Valdés, contrastaban con varias pulseras de cuentas de colores, pequeñitas, ensartadas rudimentariamente. Sus lindos pies —el Aguafiestas los consideraba dignos de Actité— estaban calzados con sandalias de cuero, cuyas tiras enlazadas subían hasta las piernas.

Acá, los amigos oyentes me culpan de olvidar ciertas respuestas. Que dejo preguntas al aire, confió Aristarco. Pero el aire es mi elemento. Como el polen, lleva mi voz. Es más, amiga inesperada, fundo en el viento. Te digo completa una de mis divisas: trazo en la arena y fundo en el viento. Mis instrumentos de trabajo son mi lengua y el oído ajeno. No quisiera sin embargo que nos levantáramos de la mesa sin escucharte la respuesta a una pregunta, que al pasar, te hice hará un ratico. ¿Era sobre el número de anillos?, interrogó la recién llegada. ¡Precisamente! Todos estamos ansiosos por oírte el significado de tal número. Llevas el doble de tres en tus dedos. ¿Y no lo sabes tú, Aristarco Valdés? Esta noche prefiero ignorar ciertas cosas. ¿Exageras o multiplicas?, volvió ella a preguntar. Me encanta esa cara de ingenuo repentino que pones. Es simple. La estrella de seis puntas une dos triángulos. Algunos antiguos la daban por signo del alma humana: ambivalente y equilibrada a un tiempo mismo.

El Aguafiestas quedó estupefacto. Bajó la vista al cabo y vio que ella movía el pie derecho, movimiento pausado, pendular, y elogió sus pies de nuevo. Tan hermosos como los de Actité y siempre un poco desnudos. No puedo pensar si me los cubro o aprieto. Cabalística estás, exclamó Filonús.

Repuesto de su estupor el Aguafiestas, mirándola a los grandes ojos, pues como estás tan cabalística, le dijo, qué significa el número que representas. ¿Qué represento? Mujer, eres el cinco en la mesa. ¿No te fijaste? Pensé que darme tal número era un hecho casual. No, Actité, y me extraña tu inconsecuencia. "Todo está arreglado según el número." En un cosmos ordenado y armónico, no tiene cabida ni peso la casualidad. Eres el cinco a nuestra mesa china. Tin, marín de dos pingüé... Dime, ¿qué es? Dame la cifra cabalística que ilumina tu presencia. Los cuatro puntos cardinales más el centro, dijo ella entonces. Bella respuesta. Dime otra. Los cinco sentidos. ¿Y qué más? Símbolo de la salud y del amor. Siéntate en medio de nosotros. Preside.

Cambiaron sus puestos. Formaron una especie de semicírculo. Ella ocupaba ahora el centro. Escoge un tema para esta noche. ¿De qué hablaremos, Actité? Hablemos del conversar, y movió una mano, como si sacara del seno una flor que ofrecer a los cuatro interlocutores. De la punta de tus dedos anillados brota la primera cuestión: la que impide que conversemos. ¿Alguien conoce este impedimento? Resulta muy curioso, dijo ella, empezar algo por sus enemigos. Sería como decirte lo que es una piña hablando del aguacate. ¡Exactamente!, vociferó el Aguafiestas. Tenderemos un cerco. Si yo te digo, el amor no es esto, ni esto otro, ni lo de más allá, ¿qué queda? ¡Queda el amor solo!, proclamó ella, arrastrada por el entusiasmo de Aristarco. Pues empecemos por una definición de contrarios. ¿Qué se opone al conversar? ¿Quién es su contrario? Es una buena manera de preguntar, supongo. Sin duda soy un filósofo de pacotilla, de mesa china. No hay que insistir. Pero seguramente, amigos, han captado lo que intento hacer, y pueden darle comienzo. Jenofonte, ¿qué se opone a la conversación? Varias cosas, Aristarco. Personas y cosas, en rigor. Bueno, antiguo memorialista, empieza por los factores sicológicos, y luego revisaremos los sociales, esos que llamas *cosas*. Cuando la conversación se desliza, fluye, dijo Jenofonte, y esta es una de sus peculiaridades, la fluencia, de pronto un personaje, al que nosotros motejamos *Yo-yo*, la interrumpe, la deja parada en seco. ¿No es cierto, Aristarco?, terminó preguntando Jenofonte. Prosigue. Te oímos con suma atención. *Yo-yo* ha iniciado el desfile de su persona por la conversación, continuó Jenofonte. Habla eternamente de sí mismo, se oye hablar, convierte las caras de los interlocutores en espejos en los que anhela verse reflejado. Toma o se propone tomar a los demás como testigos de sus triunfos y sus desgracias.

Tal parece por tus palabras, Jenofonte, que *Yo-yo* espera el momento oportuno para su despliegue, y no ocurre así, objetó Filonús. No espera, se lanza desde el principio, sin final. Hay que levantarse de la mesa, abandonar la sala, dejar la esquina, el banco del parque o la butaca del bar, y huir, huir de su labia vindicativa. Este personaje, destructor de toda conversación, continuó Jenofonte, no sólo quiere convencernos, sino, lo que es más triste, convencerse, convencerse de cuanto dice o de lo que pretende ser. A veces nadie duda de lo que afirma o de que realmente lo sea, pero su tono clamante, insoportable, busca la confirmación, la validez. Ha convertido a sus interlocutores en jueces. Espera ansioso, convulso, el veredicto. Nunca será un conversador este tipo, ni siquiera enfermo o con la lengua cansada. Cuando se halla enfermo o tiene la lengua exánime, opinó Aristarco, se queda en casa, sufriendo su soledad. La conversación es uno de los mayores antídotos posibles contra la soledad. El hombre que no conversa, tiene que dialogar consigo. Tal diálogo es más pobre: nadie lo contradice.

Un tipo, como el descrito por Jenofonte, me parece un hombre inseguro, en grado superior al resto de los mortales. Tu intuición femenina ha dado en el blanco, confirmó Aristarco. Además, prosiguió la recién llegada de los anillos, la conversación no es un monólogo, sino un diálogo, como ya lo indica el prefijo: con. Es decir, algo que se realiza entre dos o entre varios. El Aguafiestas exclamó regocijado, ¡entre cinco!

Jenofonte se refirió entonces al caso de quien necesita destacarse. El individuo que lo sabe todo y está de vuelta de todo. Su vanidad —vanidad, no orgullo, sentimiento más elevado, aclaró de paso el Aguafiestas—, no lo deja escuchar. Es el *magister* a quien no interesa la enseñanza ni el beneficio de los demás, sino *lucirse*. Representante del figurao, ha leído todos los libros, conoce todos los oficios y ha sufrido todas las enfermedades. Todo lo ha oído, lo ha visto y lo ha hecho. De nada duda. Por nada pregunta. Habla siempre con el aplomo de quienes tienen la vida resuelta. Carece de problemas con su persona, y posee una respuesta para cada ajeno problema. Su voz se alza tronante, como la de Júpiter, desde las alturas. A quien no cree en él, su rayo celeste lo fulmina.

A este tipo sicológico, al que mi amigo Jung podría haber puesto entre sus extravertidos, se le asemeja otro, de parecidos rasgos, señaló Filonús. Es el disputador profesional. A cualquier teoría, hipótesis, sugerencia, se opone con viveza, resueltamente. Discute por discutir, como si tuviera necesidad de mover la lengua, los brazos, levantarse y gritar. Todo lo enreda, lo complica sin necesidad. Detiene el curso ondulante de la conversación. Es incansable en la disputa de términos. Tampoco, como el anterior, escucha. Ha formado un barullo a su alrededor. Choca con los demás, con las palabras, y parece morderlas y escupirlas en la cara de sus oyentes. Como todo lo rechaza, todo lo confunde y lo mezcla. O bien, si alguien lo pone en su lugar, demostrando que está en un error, se incomoda y calla despechado. Pasa entonces al silencio despreciativo. Mohínes, chasquidos de lengua imprevistos, ante cualquier tema que genere el resto de la conversación. O se esconde detrás del cigarro o del trago. Nada de lo que ocurre tiene importancia, desde ese momento fatal, hasta que recupere sus fuerzas, y se lance de nuevo a la lipidia. Filonús, como oriental al fin, observó el Aguafiestas, esmalta su lenguaje con algún localismo. Lipidia es pleito, dijo Filonús de lo más tranquilo. Bueno, estuvimos a punto de la disputa terminológica, de caer en el mal que criticamos. Y el Aguafiestas se dirigió a la recién llegada. ¿Vas viendo la cosa?

Ella lo miró con sus grandes ojos asombrados. Parecía confundida o afanosa de confundirlo. Al cabo confesó, con el fin de calmarlo, que empezaba a ver la cosa. ¿Qué cosa? Las frutas que trae el camarero, y sonrió. Sus dientes eran diminutos, muy parejos, menos uno delante, graciosamente separado del resto. ¡Bella empírica!, clamó el Aguafiestas. El camarero había llegado con el postre. Traiga un plato más. Compartiremos estas hermosas frutas del trópico chino. Colocó el camarero los cuatro platos en la mesa y se marchó. ¿Vas viendo la cosa?, repitió el Aguafiestas. Muy despacito, contestó ella sonriente.

El Aguafiestas se puso tieso en la silla y respiró hondo. Las aletas de su gran nariz se dilataron. Movió la cabeza, como si volviera a la superficie, tras una zambullida en el mar. La observó serio, con su peculiar seriedad, entre cierta y fingida. El tono de Actité resultó solemne al decir que la sabiduría se alcanzaba despacio.

5

El camarero dejó puntualmente el quinto plato sobre el mantel. Dijo alejándose, mi trabajo es usted. Observó el Aguafiestas que al decirlo de espaldas impidió le vieran la cara de burla. Con el tono basta. Puso la burla en el aire. ¿No distinguen el trazo? La dejó en tu elemento, observó irónico Filonús.

Las manos del Aguafiestas se extendieron abiertas encima de su plato. Cumplido el arribo frutal, pueden sumarse, amigos, al momento postrero. Eran sus manos anchas, hermosas, de vigorosos grandes dedos, uñas muy recortadas, limpias hasta el asombro. Al comer, sus dedos se movían diestros, con grácil destreza. Tenemos ya el Sui Kuo, compuesto precisamente de tres: naranja, piña y fruta bomba. La palabra "bomba" fue pronunciada en tono de bajo operático, súbitamente grave, como si al parecer se tratara de un artefacto peligroso, a punto de estallar en el plato inocente. O más bien, en su boca.

Esta noche, manifestó el Jenofonte refiriéndose a la recién llegada, hiciste reinar el tres en La Torre de Marfil. El tres y su múltiplo. Los números reinan en secreto, replicó sibilina Actité. Como buenos conversadores, partícipes en todo, compartamos, y el Aguafiestas entregó parte de sus frutas a Actité, e indicó a los demás que compartieran las suyas. Se alzaron los platos, se movieron los cubiertos. Actité tuvo raciones de cada una de las tres frutas. Jenofonte le dio parte de sus naranjas, que ya venían listas para comer. Naranjas de China, fruta milenaria. La madera del naranjo es dura y amarilla. Vamos, Jenofonte, lo interrumpió el Aguafiestas, no emplees términos ajenos a la conversación nativa. En Cuba nadie dice naranjo, sino mata de naranjas. Habla como se habla, y si escribes, escribe como se habla. Bueno, Ari, de acuerdo. De esa madera tenía mi padre un bastón. ¿Perfumado?, indagó Actité. Posiblemente. Es mata de flores, madera y frutos fragantes. Huele a distancia. Como cumplido griego, haces el elogio de la naranja. Quise decir, rectificó Aristarco Valdés ante la cara estupefacta del amigo, como buen griego criollo. Está muy dulce, opinó ella, tras comer un pedazo. Debe de ser, entonces, una de las que llaman "de ombligo", opinó Aristarco. Si está pelada, ¿dónde le has visto el hoyuelo?, y Actité miró al Aguafiestas con malicia. ¡En la dulzura! La risa del Aguafiestas resonó en el salón.

Ahora prueba, Actité, la piña que te he dado, Aristarco apuntó con su tenedor. Es tan dulce como la naranja... ¿Ya ves? Del seno fértil de la madre Vesta, recitó el Aguafiestas. Durante el siglo pasado fue considerada la reina de nuestras frutas. Figura, para mí, entre las cuatro frutas misteriosas de la Isla. Hubiera querido decir tres, o seis, para estar más acorde con la noche, pero no gusto del dispendio elogioso. Escojo solamente cuatro. Si no es número, quizá, críptico como el tres, debe de tener lo suyo. ¿No es cierto, mujer? Te respondo con emoción. Has escogido el cuatro, tal vez sin darte cuenta, y el cuatro es el número del espacio terrestre, del límite natural, de las realizaciones que pueden tenerse en la mano. En la mano y en la boca, dijo Aristarco de repente. ¿Ya ven, cubanos incrédulos? El número reina en secreto, y era tan graciosa, frágil, la voz de Actité...

Para el Aguafiestas las cuatro frutas misteriosas eran el marañón, el mamey, los caimitos y la piña. La primera, de piel tan delicada, casi translúcida, colores iluminados que van del amarillo al rojo desleído, parece dispuesta a permitir la contemplación de su contenido carnoso. Esta maravilla extravagante está rematada por una dura semilla extraña, en forma de gancho, que impresiona como un objeto prehistórico olvidado. Comerlo es un gusto al instante y una molestia después. Deja, como dice la gente, la boca apretada.

Luego mencionó el mamey. Por fuera rugoso y marrón, diría Filonús el santiaguero, con una corteza que esconde en su apariencia áspera la suave hermosura del fruto. Al abrirse culmina el misterio. Pura sorpresa perfumada, azucarada: su interior es como de carne pulida, y simula espejear. A semejanza de la carne, no tiene color fijo: va del rojo a un rosado absorto, en variable gama entrelazada. La semilla que, a diferencia de la del marañón, se encuentra en su interior, tiene un parecido con la de éste: es tan insólita y tan extraordinaria. Parece una piedra onírica. Al observarla con cuidado, por arriba su color castaño oscuro es pulido, reluciente, como la pulpa fibrosa del fruto, y por debajo, imita la rugosidad de la corteza. La semilla es una copia transformada, una añoranza del fruto, en su parte externa e interior. Al hundir la cuchara o la boca, la pulpa se abre tierna, acogedora.

Un tiempo atrás, leyendo a *madame la condesse* de Merlín, el Aguafiestas pronunció gustoso y remató diciendo Merlán, encontré algo inquietante acerca del mamey. La *condesse*, y su voz subrayó de nuevo la palabra arrastrando el final, afirma que constituye el alimento "de las almas bienaventuradas en los valles del otro mundo, según la creencia de los habitantes de Haití", al igual que los pasteles de azafrán, digo yo, para las almas de los difuntos del antiguo Egipto. Que las sombras se alimenten con mameyes, la sombra de los negros supongo, ¿no les resulta inquietante? Afirmaron todos con la cabeza y los labios. Pues a mí, francamente, no me inquieta tanto el hecho, sino que sea precisamente la Merlín, esta vez pareció tan absorbido por el desarrollo de la idea que olvidó pronunciar Merlán, blanca aristocrática, vestida de muselina y descendiente de una familia propietaria de esclavos, la que se preocupe por mencionar creencias de negros, y mucho más, que le sirvan de fundamento para un elogio. ¿Qué podía importarle a esta cubana aristocrática que los negros comieran mamey en el reino de ultratumba, y que este hecho fuera una razón más para elogiar la fruta? Jóvenes meditabundos, dejo esta cuestión en sus manos. O mejor: en sus mentes. ¡Denle taller!

Y pasó al caimito. Como el mamey, era por fuera casi anodino, al contrario del marañón y la piña, y por dentro, una maravilla, del sepia muy pálido al morado obispo, un laberinto luciente de cuarzo, que se rinde al deseo, a la boca trémula.

Antes de terminar esta ofrenda, donde al menos se encuentra una de las misteriosas, volvió a mencionar la piña. Pocas de nuestras frutas tienen su poema. Pocas, o ésta tan sólo. Las otras, creo, cuentan con una estrofa, con un verso, la piña tiene su oda. Ha sido consagrada por la musa neoclásica del poeta Zequeira. En esa oda, modesta y en ciertos pasajes encantadora, la reina de la flora tropical es conducida al Olimpo para morar, con su fragancia y su néctar, entre los inmortales. Si las sombras de los negros en el mundo subterráneo se alimentaban de mameyes, los dioses griegos, en el mundo celeste y apolíneo, disfrutaban, tras despojarla de su ruda, barroca vestidura, del "óleo" de su esencia, según más o menos dijo el poeta. Aquí, amigos míos, la memoria comienza a hacer su trabajo imprescindible. Nos da su lección. Como pueden comprobar, lucho contra la dispersión de que se me acusa. Busco cierta coherencia. Liviana, ligera, por supuesto. Ninguna fruta nuestra, retomó el hilo en apariencia extraviado, fue elevada a tan alto sitial. Es espléndido el momento en que Zequeira imagina el nacimiento de la piña. Ocurre en la tercera estrofa de su oda, si la memoria... Dice en ella que antes de existir su "augusta madre" —les aclaro que se trata de Vesta, y Vesta para Zequeira era la madre tierra—, le prepara su imperio vegetal y pone por diadema todo el verdor del campo. Piensen en ese campo, fecundado por la lluvia y la mano humana, batido por el alisio, tal vez gustaría decir Zequeira, y lenta, día tras día, al igual que toda obra decisiva en la vida, brota la fruta, desgranando la tierra, la túnica de Vesta. Lector asiduo de los clásicos, Zequeira hace nacer la piña a semejanza del nacimiento de la diosa Afrodita. Me gustaría destacarles el nexo entre la fruta, elemento terrestre, para decirlo como gustaría Actité, y el Olimpo, donde tras su nacimiento en la tierra de esta isla, es llevada a morar. Este nexo, que la piña propicia, entre lo terrestre y lo celestial, es uno de los aciertos, quizá imprevistos, del poema. Y hay otro más. Radica en la duplicidad del néctar. O mejor: de sus efectos.

Ah, los tengo realmente interesados. Brillan sus ojos, y le brincan las orejas. Amigos, calmo enseguida tanta expectación. Esa duplicidad del efecto del néctar, "el dulce sumo del sorbete indiano", estimulará, como en un rapto, el canto y el amor. Cuando Orfeo lo prueba, tañe la lira y rompe a cantar. A su vez, Venus queda embriagada de "lúbrico placer", y llama, "con voz festiva", al bello Ganimedes. ¿No es admirable que Zequeira percibiera esta duplicidad? El jugo del ananás, propiciador de la poesía y del amor. Y no creo necesario detenerme en señalar el enlace entre Eros y la poesía. Mediten, amigos. ¡Denle taller!

Se llevó a la boca una tajada de piña.

Este poema, como la fruta misma, es una delicia. Alguien afirmó que era digno de Horacio. Para mí, es digno de la piña. Y lo demuestra un hecho. Cuando se le conoce y la memoria es generosa y no falla, lo relees cada vez que la fruta aparece. Sí, Filonús, lo relees mentalmente. El habitante de la cavidad —el Aguafiestas entonó guasón—, un enano servicial y trabajador, te pasa la cinta grabada: versos de la oda vienen a tus labios. Es prueba de su validez. La fruta se ha hecho consustancial con el poema, la palabra con el objeto, y parecen consagrarse mutuamente, en una suerte de ceremonial metafórico. A estas cosas el hombre es muy dado. La palabra en compañía del objeto, del verso que lo define, y el objeto que se liga con la palabra. Al comer este pedazo de piña oloroso, dulzón, el viejísimo poemita de Zequeira reaparece en mi boca. No se rían, pero es semejante a una comida conjunta. Aspira, Actité, y le pasó por la nariz un pedazo del ananás, "los olorosos jugos de las flores, / las esencias, los bálsamos de Arabia, / y todos los aromas...", que la natura ha congelado en sus entrañas. ¿Ves lo que digo? Ya no podrás comerla inocentemente. El simple hecho de comer la piña está contaminado por el verso. Esta piña no es tan sólo la de la tierra, es también la del poema. Ambas se han unido, conversan entre sí. ¿O son la misma cosa?

"Salve, divino fruto, y con el óleo / de tu esencia mis labios embalsama...", declamó Actité antes de morder su ración, y se alzó repentino el metal quebradizo de su voz, al continuar diciendo, óleo dulce y agrio a la vez. Es parte de su misterio, lo agrio agradable, replicó el Aguafiestas, tierno y agudo. Me asombra, de nuevo habló Actité, la singularidad de su dulzura, tan peculiar que parece amenazada por lo pútrido, cercano en el tiempo. Probarla es presentir, venidero en el propio dulzor, lo pútrido. Un tanto más, una corta espera: en su olor y sabor conjugados, predominará la descomposición. Pero todavía, Actité, repuso Aristarco, no ha llegado ese momento, aunque se anuncie, y puedes gozar la plena delicia de la piña.

Un rato comieron callados.

Nuestras frutas son, apuntó Jenofonte, más primitivas y silvestres que las europeas. Como en tantas cosas, el trópico ejerce en esto su influjo. El melocotón, la pera, son casi perfectos en su equilibrio. La piña es ostentosa, es excesiva, violenta. Su hiriente perfume puede inundar una habitación. El aroma del melocotón es discreto, exquisito. Aristarco no ha mentado el anón, y podría figurar entre las misteriosas, con mucha dignidad. El Aguafiestas levantó la mano para replicar, pero Jenofonte continuó hablando, ¿quieren apariencia más caprichosa que la del anón? Un poeta afirmó que tenía los mil ojos de Argos. La piña es desorbitada, con el penacho que el cuchillo debe decapitar y la piel cuajada también de ojos mitológicos. Carece de la presencia ordenada del albaricoque, de su matiz coherente, coloración sin sobresaltos. Nuestras frutas, por lo general, impresionan: están manchadas de rojo, morado, amarillo, como si Pollock les hubiera tirado potes de pintura.

Después de intervención tan efusiva, admirada por todos, dijo levemente irónico el Aguafiestas, sólo quisiera apuntar una contradicción que podría aclarar parte de la vida nacional. O mejor: de la cultura cubana. Esa contradicción reside en la abundancia barroca de su flora, y en la pobreza de su cocina.

Para no ser acusado otra vez de abandonar cuestiones, dejar en el viento preguntas sin respuestas, tildado de disgregado y disperso, nuevamente traía la cuestión y la ponía sobre la mesa. Antes de la llegada esplendorosa de Actité, había afirmado la pobreza y poca variedad de la cazuela nacional, y se sorprendía más al compararla ahora con la riqueza frutal de la Isla. ¿A qué se debía esto? Arriesgó una conjetura. Si las frutas europeas resultaban más pobres que las frutas de la Isla, no lo eran la cocina francesa o la inglesa. Poseían variedad, desarrollo. El gusto de esos pueblos había sido trabajado, y hasta corrompido, por sus combinaciones culinarias. En la cocina cubana no sucedía lo mismo. Y aquí deslizó su conjetura. La cocina era obra de la mano y la mente del hombre, las frutas, un producto natural. Si la cocina era una manifestación de la cultura, las frutas lo eran de la madre Vesta... En fin, amigos, dijo, no siempre en lo variado está lo complejo. Muchas veces depende del saboreo, de la cultura del paladear. Saboreen lo nuestro despacio, como deben releerse las grandes obras, y también las pequeñas. Aprendan a saborear. *That is the question.*

Con la mano apresurada se tapó la boca para impedirle a la risa escapar. Cloqueó, enrojecida la cara. Pidió perdón por su tirada vehemente, tan vehemente como la de Jenofonte.

Y tú, Filonús, ¿no vas a decir nada? Entregaste a Actité la fruta bomba. Menos misteriosa quizá, y más equívoca. Ahora te toca hablar.

6

Sí, en su presencia, santiaguero. Que el eterno femenino te guíe. No por el cielo, sino por la tierra. Con la misma pasión que el hombre medieval amaba lo celeste, alzaba en su homenaje catedrales como encajes anónimos, amemos lo terrenal. Ya que no tenemos piedras, pongamos palabras, palabras emocionadas.

Alargó el brazo y con el tenedor pinchó la fruta bomba en el plato de Actité. Sus labios de gustador emitieron un chasquido. Otra vez "bomba" fue pronunciada con idéntica resonancia, premonitoria de una catástrofe..., verbal. Filonús se quedó mudo. Rehuía mirar a Actité, mirar al Aguafiestas. Vagaban sus ojos sin punto fijo. Evitaban, sobre todo, posarse en el plato. Ante el silencio creciente y la espera de los amigos, se sintió al cabo obligado a decir que podía darle a Actité el nombre científico de la fruta. ¿Científico...?, rezongó el Aristarco. ¿El que le puso el señor Linneo? El mismito, y Filonús hubiera querido escapar.

No era al nombre al que Aristarco Valdés se refería. Esperaba que Filonús pronunciara el nombre común en presencia de la recién llegada. El vulgar, el que viene espontáneo a la boca, el que muerdes y tragas. Tampoco lo sustituyas por ese anodino "fruta bomba", simple traición a la analogía, al pensamiento analógico del hombre. ¿Harás como Menéndez y Pelayo o Juan Valera? Al publicar y traducir a los clásicos griegos, una comedia de Aristófanes, deliciosamente deslenguado, *Lucio el Burro* de nuestro amado Luciano, o *Dafnis y Cloe*, de las más bellas novelas escritas por la mano del hombre, tan franca en la descripción de todo tipo de amor, que se vuelve sana y honesta, cercenaban las partes pudendas, y una sonrisa se extendió callada sobre sus labios, convirtiéndolas en líneas misteriosas de puntos suspensivos, que como todo lo prohibido, despiertan una curiosidad sin sosiego, o las traducían al latín para el solo disfrute de los curas en la quietud erótica del claustro. No, Filonús, esperamos de ti otra cosa, más humana y más ambigua. Que hagas reinar la analogía en La Torre de Marfil. *Carica* la clasificó Linneo, insistió el santiaguero recalcitrante, perteneciente a la familia de las Caricáceas. Planta cultivada, cuyo fruto es grande, amarillo. El Aguafiestas se le encimó, chispeante la mirada. Ese fruto, ¿cómo se llama? *Carica* la clasificó Linneo, repitió Filonús como un escolar sencillo. Dime, bebé diligente, ¿ese es el nombre latino? ¡Por supuesto! Pues nada nos dice. Demasiado aséptico. ¿*Carica*...? ¡Nada! La menor resonancia. Parece apropiado para denominar un pájaro o una maraca. ¿No es cierto, amiga y amigos?

Con el fin de mantener en el aprieto a Filonús, todos confirmaron que se trataba de un término indiferente, indigno de una planta cuyo fruto tenía tan sugerente nombre, nombre que Filonús, avergonzado delante de una mujer, se negaba a pronunciar. Por el contrario, es cálido nombre, ardoroso, y de consecuencias imprevisibles, dijo el Aguafiestas, que no cejaba en su propósito. Lo tienes ahí, detrás de los dientes. ¿Pero no se refieren a la fruta bomba?, trató de defenderse con la pregunta. ¡Ciertamente! A tan hermosa, dura y rosada fruta. La toco con la punta de mi cuchillo inoxidable. Fíjate, la pincho. Por tanto, Filonús, apóstata de la palabra vulgar equívoca, no se trata de un sueño ni de una pesadilla, aunque sientas perturbada tu lengua, sino de un fruto real, táctil, que casi inocente, pero no inofensivo, descansa en el plato, ante la hermosa mirada de Actité. ¡Vamos!, clamó. Dilo de una vez. Basta de evasivas y circunloquios. ¡Al grano! O mejor: ¡a ella! Estamos en la parte occidental del país, estimado Aristarco, Filonús comenzó a explicar pausado, tratando de restarle malicia al término, y en él se llama fruta bomba. Siguiendo el consejo que le diste a acá, el Jenofonte, hablo como se habla donde estoy. No tú, que eres oriental y la llamas como se debe. Tampoco nosotros ignoramos ese nombre ni sus connotaciones. No sé para qué insistir, entonces, en subrayar lo evidente. Es más divertido tenerlo oculto, y saber de qué hablamos cuando decimos fruta bomba. Además, Aristarco, hace un rato, tú mismo la nombraste así. Hice estallar ese nombre en mi boca descreída. Seamos francos. Practiquemos esa gran virtud, anacrónica en nuestra circunstancia. La franqueza es sanidad del espíritu, remató el Aguafiestas. Estamos delante de una mujer, dijo al fin Filonús. Ah, he ahí la clave de tu silencio. Pero yo, más que partero de almas, soy partero de lenguas. Tengo la tuya entre mis pinzas. Tratemos de igual a igual a nuestra Actité. ¡Me encanta!, exclamó ella. Con la misma dignidad, agregó Aristarco. Me parece muy bien, y muy justo, habló Actité de nuevo.

Desde el comienzo de la disputa con Filonús, durante la cual Aristarco hacía gala y despliegue mayéuticos, Actité se había dado cuenta de su intento, y se sentía regocijada. Disfrutaba de una discusión seria y jaranera a un tiempo, según acostumbraba Aristarco sostener con sus amigos. De igual a igual. Y sin feminismo barato, expresó. La de los lindos y desnudos pies se lo merece.

Filonús tomó el plato de Actité y lo alzó de repente. Lo atrajo hacia sí y lo mantuvo a la altura de su barbilla. Todos quedaron sorprendidos, temerosos de que pudiera arrojar la fruta al suelo, escupirla o llamar al camarero para ordenarle que se la llevara porque estaba podrida. El santiaguero era imprevisible en sus reacciones. Lo habían visto luchar en vano, negándose a pronunciar una palabra que, seguramente en el transcurso de su vida en Santiago, pronunciara tantas veces sin inhibición alguna. Pero Filonús había sufrido un cambio repentino: alargó nuevamente el plato y lo depositó en el lugar de Actité. Con gran tranquilidad y ceremonioso, recordó la entrega de la naranja por Jenofonte y la de la piña por Aristarco, para manifestar que le tocaba ahora la de la papaya, pronunciando al fin la palabra que tanto rato se había prohibido a sí mismo. Su tranquilidad, tan demorada e imprevista, resultó cómica, y los comensales rieron. Actité afirmó que se trataba de una linda palabra. Cortó un pedazo de la papaya y se lo tendió al Aguafiestas. Me gustaría que la probaras. Su acento era ligeramente malicioso. Con gusto, repuso él, un tanto exaltado. Acercó los labios: la fruta desapareció en su boca. Masticó despacioso, y cuando terminó, su voz pareció inundar el ámbito de La Torre de Marfil.

Por desventura, ¿existe en esta tierra tropical, al igual que en otras americanas y caribeñas donde se establece el mismo nexo analógico entre el sexo femenino y el fruto del papayo, existe soñador de palabras que no se estremezca con la palabra *papaya*? Respiró, pues la pregunta le había quedado un poco larga. Volvió a repetir papaya, entusiasmado. Colma el cielo de la boca, metáfora que siempre me ha parecido deslumbrante. *Papaya* no es ya una metáfora. Para mí es una analogía, simple y a la vez complicada. Además, reveladora, al igual que la yuca o el plátano, de ciertas relaciones significativas que la mente descubre entre cosas del mundo, en apariencia disímiles. La analogía, en este caso, es también una forma del conocimiento. Una de sus pequeñas conquistas. La metáfora me parece una relación de mayor complejidad. Creo que toda metáfora posible descansa en el descubrimiento previo de una analogía. De una analogía y de una diferencia, pues relacionar no es igualar, sino acercar para entender. No sé dónde he leído, y el Aguafiestas frunció el entrecejo, que la mayoría de las palabras en los idiomas modernos son metáforas enfriadas. Es decir, fueron en su origen metáforas, simplemente. Ya mencioné la del cielo de la boca. Elevó una de sus grandes manos y trazó, delante de sus labios entreabiertos, un gesto que parecía reproducir en el aire la forma de la bóveda celeste. Descomunal, afirmó. ¿Quién pudo descubrir una relación tan extraordinaria entre la bóveda del paladar y la del cielo? Me parece que sólo un tipo contemplador de la línea del horizonte. ¿Y línea del horizonte no es una metáfora, tan metafórica como la propia palabra bóveda?

En fin, amigos, vuelvo a mi materia. Papaya, una de las grandes palabras del habla cotidiana, no tendrá la hermosura, pongo por caso, de la palabra armario o aurora, pero está tan cargada de una especie de electricidad equívoca, que no puede pronunciarse con indiferencia, sin soltar chispas. Cada vez que la decimos, es dúplice su sentido. Parecen nombrarse, y en realidad enlazarse, dos cosas a un tiempo, la fruta y el pubis femenino, para mentarlo discretamente, pubis terreno, no angelical. Papaya se inicia de un modo musical, lento, acentuado. Por dos veces se repite la sílaba inicial. El *pa-pa* abre el vocablo, y declina suavemente en el *ya* final, como apagándose silencioso, o más bien, en una caricia. Se arrastra la palabra y nos va cerrando la boca. Es lástima que en esta parte occidental del país, unas cuantas damas pudibundas la desterraran de nuestra conversación. "Por gazmoñería imprudente", opina Esteban Pichardo en su Diccionario del siglo pasado, observó de pronto Jenofonte. Y afirma que fue el vulgo de esta parte de la Isla quien la sustituyó por fruta bomba. Aplaudo lo de gazmoñería, juicio asombroso en un cubano del diecinueve. Pero atribuirle al vulgo eufemismo, no es un acierto del señor Pichardo, geógrafo y auditor de Marina, dijo rotundo el Aguafiestas. Eso es obra de damas melindrosas, y en el fondo, escondidamente lúbricas. El vulgo hubiera seguido diciendo papaya, como sucede en la región oriental, pese al inesperado prurito de Filonús. Ya me lo curé. ¡Y bien curado!

Aristarco, apoyo lo que dices. Me parece muy acertado. Sin duda fueron esas damas... Pero no es más que una conjetura. No puede comprobarse, concluyó Actité. Parecía decepcionada. Se comprobará cuando el cubano se dedique a los estudios serios, y en la entonación del Aguafiestas vibraba el desplante. Soltó de pronto una de sus risotadas *homéricas*.

Es curioso que la papaya no tenga su poema, como lo tiene la piña. Tiene un poema oculto, una silva entera, un canto en octavas reales, dijo de inmediato el Aguafiestas, respondiéndole a Jenofonte. ¿Qué más silva que el secreto vínculo...? Pronunciar solamente el nombre nos produce un estremecimiento. Y acabó, con su estrafalaria pronunciación francesa, diciendo el final de una frase famosa, *un frisson nouveau*.

Se volvió hacia Filonús y le preguntó, con mordaz voz de intriga, cómo estaba su memoria. ¿Puedes recordar, amigo? Creo que sí. Depende del recuerdo. Lo estimularemos. ¿Se habla de la papaya en una silva cubana del dieciocho? Asintió Filonús y citó a su autor, el poeta santiaguero Rubalcava. ¿Podrías recordar la estrofa dedicada a la fruta en cuestión? Podría. La cara del Aguafiestas sonrió complacida. Empieza, que estamos impacientes. Filonús meneó la cabeza. Sus ojos negros se iluminaron y entreabrió sus gruesos labios. Tenía los dientes grandes, muy separados, y como recortados en punta por una tijera. Había perdido su actitud anterior. Parpadeó con alegría, con la alegría de recordar la estrofa. Tranquilo comenzó, dichoso. *La papaya sabrosa, / al melón en su forma parecida / pero más generosa / para volver la vacilante vida / al hético achacoso, / árbol a todo apetito provechoso.*

El Aguafiestas prorrumpió solemne. ¡Oh, memoria! Qué haríamos sin tu auxilio gratuito. Después advirtió que había dos o tres afirmaciones singulares en la estrofa. Rudimentaria como toda la poesía de Rubalcava, rudimentaria y grácilmente desenfadada. Yo recordaba el inicio, el primer verso, interrumpió Actité, de otra manera. En vez de sabrosa, me figuraba que decía umbrosa. Amiga, Filonús la ha recordado textual. Umbrosa sería un adjetivo quizá más inquietante por aludir al pubis, no a las virtudes de la fruta. Y antes de referirse a esas afirmaciones singulares, que había encontrado en la cita, comunicó que haría un paréntesis muy breve, para recordarles otra analogía, la de vulva con la araña peluda. O como dice la gente, despectiva con ambas, pelúa. Creo que depende de la valoración que el hombre realice acerca de la conducta de la mujer. Todos sabemos que la mayoría de las arañas son animales bastante inofensivos, ancestralmente juzgados como peligrosos y devoradores. Sus virtudes son todas negativas para el hombre. Terminado el coito, en ciertas especies, el macho se ve obligado a huir para no ser devorado por la hembra. Y por el contrario, la papaya contiene propiedades medicinales reconocidas. El jugo lechoso que emite la fruta cuando se hiere su corteza, sobre todo si está verde, es un valioso remedio contra la dispepsia. Pedazos del fruto, recién cortado, comunican al agua de tomar propiedades curativas. Es, como dice el poeta Rubalcava, fruta muy generosa, provechosa a todo apetito. La analogía entre la vulva y la araña, considerada como animal devorador, resulta diferente de la que se establece entre el sexo femenino y la papaya. Implica una valoración distinta de la mujer, en rigor. El hético moriría de consunción en un caso, y en el otro, quizá se salvaría.

"Yo soy la rosa de Sarón y el lirio de los valles", afirma la Sulamita. Sí, la interrumpió el Aguafiestas, en la tradición analógica europea es habitual comparar las flores con la mujer. Los ejemplos podrían multiplicarse. Su piel es similar al pétalo de las rosas, su inocencia, a la blancura de los lirios. La virginidad es una flor escondida. "Y en el sexo ardía una flor", dice en algún poema Rubén Darío. Un amigo me dijo una vez, refiriéndose a su hermana solterona, "es una flor de piedra".

Si el sexo virgen es una flor oculta, la posesión la deshoja. Por el contrario, la fruta se incorpora, se come. Comer un fruto significa hacer entrar en nuestro ser un hermoso objeto viviente, ajeno y, al igual que nuestro cuerpo, nutrido por la tierra. Significa, y la voz del Aguafiestas resonó gustosa, consumar un sacrificio. Sacrificio que se transforma, cuando optamos por nuestra continuidad vital frente al fin de las cosas, en sangre, en calor, en corazón palpitante. Me gustaría recoger una expresión popular, cifra de lo que digo. Al acto de posesión, violenta o no, se le llama, ¡se la comió!, entre admiraciones y todo. No olvido mencionar que "¡se la comió!" alude —secretamente— a la papaya. Es una traslación de sentido, una analogía perfecta. Poseer es comer, para nosotros. No tanto deshojar la flor como incorporar la fruta. Es uno de nuestros grandes ritos ambivalentes. El intento de adueñarnos y tragarnos el mundo, el monte, el mar... ¡Se la comió! es también, igualmente, una acción admirable y desmesurada, realizada por alguien. Es una proeza. He aquí otra clave.

¿Van a ordenar algo más o cierro la cuenta? El camarero estaba ante ellos, sonriente, con remota sonrisa asiática.

7

Tráiganos cha para todos. Un té final. ¿Nadie se opone? Recorrió inquisitivo y dominador las caras de sus contertulios. Ellos, para que la ceremonia no se detuviera, pusieron neutras sus caras, y hasta con un esbozo de aprobación. Encuentro aquiescencia en esos rostros notables. Entonces, camarero, que tan portentosa bebida cierre esta noche espléndida, y nos purifique. Póngalo en mi cuenta. En una noche como ésta, me siento generoso.

Mientras el camarero anotaba, el Aguafiestas lo observó. Joven, lacio el negrísimo pelo, no cabía duda: descendiente de chino. Recordó la discusión que días atrás habían tenido sobre los camarones. Como todos los chinos y sus descendientes, aunque estuvieran mezclados con negros o mulatos, le infundían una sensación invencible de lejanía. Joven y misterioso, de una blancura mate, ligeramente lívida. ¿Sería un *culí* su abuelo, su tatarabuelo? Venían o los traían, cuando la mano esclava de los negros comenzó a escasear, en rápidos *clipers*, embarcaciones inventadas por los yanquis para transportar mano barata y cargas de té. Pelados al rape o con una larga trenza, semidesnudos, atravesaban el mar. Ignoraban el español. Firmaban con una negra cruz. Aquí perdieron sus nombres y castellanizaron sus apellidos. En apariencia llegaron contratados, y se convirtieron —realmente— en simples esclavos. Si aprendieron a cortar caña, no fueron buenos cortadores. Bisnieto, tataranieto de culíes, ¿o quizá de los que llegaron desde California por los años veinte y abrieron tiendecitas de abanicos, cajitas de laca, zapatillas y juguetes de papel rizado? Frente a él estaba uno de sus descendientes, vástago de antiguos culíes o californianos. ¿Lo sabría? ¿Sería como miles de cubanos que han olvidado su origen? Tal vez su madre era una mulata clara... ¿Dónde recordaba haber visto miles de chinos trabajando, las canastas invertidas en la cabeza como sombreros, bajo el sol, en un campo de arroz, metidos los pies en el agua fangosa? ¿Y por qué al verlos le traían siempre la imagen de un fumadero de opio, con extraños divanes rojo tinto y candeleros humeantes? Su memoria, en otras ocasiones tan pronta, se negaba esta vez a dar una respuesta. Tal vez luego, la muy caprichosa, aclararía el enigma. O tal vez nunca.

Cuando el camarero se alejó en busca del té, su voz se alzó para decir que los cubanos no habían aprendido a tratarse como descendientes de esclavos unos, y los otros como descendientes de esclavistas. Muy sano sería. En esta tierra, en esta zona del mundo plagada de mixturas, la esclavitud dejó su impronta en todo: trato social, vigilia, sueños. Lo hemos olvidado o hemos querido olvidarlo. Mejor y más exacto: esconderlo, al igual que tantas cosas, para reírnos libremente y sin pasado.

No es tan bueno como el que tú haces, Actité, dijo después que el camarero se había marchado por segunda vez, dejando las tazas con el té sobre la mesa. Cuando hago algo, hago ese algo, sentenció Actité decidida. El buen color del té es amarillo pálido, color dorado. Como el halo de los santos en los cuadros del Giotto, bromeó el Aguafiestas. No, Aristarco, el dorado del Giotto, impostó Actité, es demasiado esplendente y parecería iluminada la taza. Jenofonte, regocijado, colocó su taza en el plato y dijo que tal vez compitiera su luz con la del candelero de ébano.

Todo té negro, igual que éste, volvió a hablar Actité en tono —inesperadamente— magistral, debe ser tomado con leche, limón, menta o cualquier cosa que disuelva su horrible sabor agudo. Filonús, tú que siempre andas limón a cuestas... El interpelado negó moviendo la cabeza. Aristarco, con fingida desesperación, se volvió entonces al tercero de sus contertulios, que había permanecido silencioso durante casi toda la conversación en La Torre de Marfil. ¿Tienes alguna hojita de menta en el bolsillo? Para negar, también movió la cabeza. Podías al menos, Licino, decir que no, y romper así tu mudez. Hablaste mucho en dos o tres diálogos famosos, si mal no recuerdo, y se volvió hacia Jenofonte, faltas tú, le ordenó. Nunca salgo con tales cosas, dijo éste rápido.

Bueno, encantadora Actité, he buscado en vano. La horrible agudeza quedará sin disolver. ¿Quieres que llame al camarero y pida un litro de leche? Me rindo, Aristarco. Cuando llegue la leche, habrá que mandar calentar el té. Ya bastante recalentado está.

En ese momento, con gran parsimonia, el tercero, una sonrisa silenciosa en los labios, rodó del hombro su inseparable bolso de tela carmesí, que los amigos habían empezado a considerar parte de su cuerpo, y hasta de su alma, aseguraba Aristarco Valdés, y lo colocó con idéntica calma encima de la mesa. Corrió el zíper, metió la mano y sacó un limón. Lo elevó en el espacio como si fuera un diamante, y lo depositó en mitad de todos, semejante a un objeto ritual o al menos que propiciaba el fin del rito. El Aguafiestas clamó. ¿Pero no negaste con esa cabezota vacía? La voz del tercero, matizada de entonaciones, rezago un tanto caricaturesco de las inflexiones y rupturas inesperadas en el hablar del propio Aristarco, se dejó oír en el salón, tras tanto rato de reserva. Preguntaste por menta, y de eso no llevo. En tu brazo rojo, ¿no? Aristarco apuntó al bolso, que ya no descansaba en la mesa, y vuelto a tomar su lugar perenne, colgaba del hombro de Licino, parecido a un pájaro con las alas plegadas. ¡Exactamente! Como acostumbramos decir entre nosotros, contestó Licino. Te mereces el honor de habernos sorprendido. Ya puedes, Actité, borrar la agudeza.

Ella cortó el limón en pequeñas tajadas y las entregó a cada uno. ¿Ven...?, preguntó mientras exprimía el limón sobre su té.

Cortó el grosor. Se formó en el centro de la taza como un lampo claro, y cuando Actité lo removió con la cucharita, se esparció aclarando el resto de la bebida. Los demás hicieron lo mismo. Ella afirmó entonces que el mejor té debía tener un "sabor de reminiscencia". Aristarco fue el primero en mirarla interrogante. Actité, complacida en despertar su curiosidad, explicó que tal sabor era semejante al retorno: volvía o se imaginaba que volvía. Se siente, aproximadamente, un minuto, a veces medio minuto, después de beberlo. En ese intervalo, tan corto, sus elementos químicos actúan sobre las papilas. Pareció de pronto, al usar un vocablo forense, hablar como el Aguafiestas. El sabor, que había pasado inadvertido por ellas, retorna. Es una reminiscencia. Como el amor romántico, que cuanto más se aleja, más se recuerda. En fin, tomemos este té adulterado, recalentado y grueso, color vino tinto.

No puedo asegurártelo, Actité, pero tal vez algún día, le confió repentino el Aguafiestas, algo sombrío —y todos recordaron sus bruscas etapas de evaporación en que dejaban de verlo—, o mejor, alguna tarde, hacia la mitad perfecta de una magnífica tarde del verano, acudiré a tu casa para tomar un té bien hecho. Hacia esa mitad, cuando el sol empieza a desvanecer y es un alivio el fresco, la tarde adquiere una rara y fina cualidad. Presentimos la oscuridad venidera, y hay entonces como un sosiego en las cosas. Para el té es el mejor momento, opinó Actité. Yo tendré limpias, apartadas de toda contaminación, las tazas, escogida el agua de manantial, una tetera pequeña de barro, y seleccionados un corto número de amigos tranquilos. Iré, iré una tarde. Tendió Aristarco una de sus grandes manos. Rozó, como en una caricia, la manita anillada de Actité. Ambos se miraron con intensidad, y para todos fue perceptible un resplandor de tierno interés en sus ojos. La mano del Aguafiestas, arrastrándose por el blanco del mantel, retornó al mango de su cucharita.

Me he quedado pensando... ¿Ah, sí? ¡Me asustas! Regresaba la burlería amistosa a la voz del Aguafiestas. Creo que Filonús fue quien destacó el hecho de que la papaya no tuviera su poema. Meditabundo, no fui yo. Fue acá, el Jenofonte... Bien, Licino, sigue el hilo de tu pensamiento, no vayas a callarte un siglo más. Si la piña tiene su oda neoclásica y el caimito cuenta con una estrofa en la silva de Rubalcava, prosiguió Licino, la papaya tiene todo un poema. Como, según veo, te acercas a un descubrimiento, no he de ser yo quien interrumpa el temblor que genera dar con algo esencial. Sigue, amigo, te oímos. No se trata de un poema invisible, según dijiste tú, Aristarco, que poseía la papaya, sino de uno visible escrito en este siglo, extenso y a varias voces: un poema dramático. En él reina la fruta equívoca, y es motivo de la tragedia. *Electra Garrigó* se nombra ese poema.

Todos asintieron, y el Aguafiestas aplaudió silencioso. Descubrir algo nuevo es recordar algo perdido, dijo no sé quién y no sé cuándo. O digo yo, sintetizando el saber de muchos, y movió Aristarco con su cucharilla el té y bebió un sorbo.

Debería llegar el momento, comenzó Licino su peroración, en que entendiéramos una obra, drama o novela, no solamente como un conjunto de personajes, estructura de temas disímiles conjugados y que dialogan entre ellos, sino como un conjunto también de objetos, a veces muy pequeños y al parecer sin importancia, pero que emiten un significado, lanzan chispas de sentido cuando rodean a los personajes o éstos lo tienen en sus manos. En la pieza de Virgilio Piñera, la papaya es el objeto primordial. Podríamos leerla o presenciar su representación, partiendo de este hecho. Todas las escenas en *Electra Garrigó* convergen hacia la escena principal, en la que Clitemnestra Pla comerá la papaya envenenada, la papaya que ha de matarla. Si consideramos la fruta, que aparece físicamente en esa escena, no sólo una fruta, sino el símil o la analogía del sexo femenino, según hablaron de esto cuando yo escuchaba mudo, nos daremos cuenta de la importancia de los objetos. La papaya en *Electra Garrigó* es tan decisiva como el pañuelo en *Otelo*, los pasillos en Kafka, en Krasno el huevo o en *La regenta* el catalejo con que escudriña el Magistral, desde el campanario de su iglesia, la ciudad de Vetusta.

Virgilio Piñera, y disculpa agüe tu elocuencia, Licino, no se atrevió en *Electra Garrigó*, lo que sí ha de ocurrir después en *La boda*, a llamar las cosas por su nombre. Nunca dijo papaya, sino fruta bomba. Fue eufemístico. En *La boda* dirá "tetas" tranquilamente, y la palabra sonará como un disparo en el escenario. Cierto, Ari. Padeció esa debilidad, y fue víctima, al igual que nosotros, del complejo occidental, denunciado en esta mesa china. Pese a ello, la analogía entre la fruta y la vulva es la esencia de ese momento crucial en su pieza. Orestes Garrigó ultimará a su madre con su fruta preferida. He visto a la actriz Helena Huerta actuar la obra de Piñera. Hasta ahora, ninguna otra actriz representó ese momento como ella. Orestes le ofrece la papaya. Ella se la lleva a la boca, la muerde, la disfruta, elogia su dulzura y color. Habla comiendo. Su hijo la vigila: espera callado el efecto del veneno. Ya conoce que ella asesinó a su padre, y que es una adúltera. Entonces el espectador asiste a la visualización de la analogía, como tal vez sólo una representación teatral (o una película) puede conseguir. Ha visto a Clitemnestra con su amante, despreciar a su marido, a su hija Electra, amar ciegamente a su hijo varón, ejercer la tiranía doméstica, llevarlo todo "en la punta de los senos", y la verá morir, devorando gozosa su fruta preferida. En el fondo, y acorde con el pensamiento analógico que ordena la obra de Piñera, la ve morir devorándose a sí misma. Devorando a mordiscos la papaya, que es al mismo tiempo su propio pubis: el instrumento de su poder. Nada tan esclarecedor como descubrir el objeto cifra de una obra. Si la piña tiene su oda neoclásica, y el hecho simple de comerla, al estar contaminado por el poema, deja de ser simple, según dijo Aristarco cuando yo callaba, por lo mismo, asistir a la representación de ese momento en *Electra Garrigó* es descifrar el vínculo, y entender mejor uno de los ritos significativos de nuestra vida. ¡Muchas gracias!, concluyó Licino para cerrar su discurso de manera evidente, y se calló. En la porcelana de las tazas sonaron recias las cucharillas. Parecían los comensales responder a la petición del aplauso final.

¿Desean ordenar algo más? ¿O tocan una alarma de fuego? El camarero se hallaba junto a la mesa, con expectación sonreída.

La cuenta. Solamente la cuenta, ordenó el Aguafiestas. Antes de que el camarero se retirara, le preguntó si ya había leído *El libro del té*. Lo estamos leyendo en voz alta en la cocina, dijo al marcharse. Nadie pudo descifrar si era en serio o se burlaba.

Ustedes ignoran beatíficamente a Lu Yü, muerto en el año 804 antes de nuestra era, autor del libro mencionado. Días atrás se lo traje de regalo al camarero.

Habían tenido una discusión, como antes sobre los camarones, consagrada esta vez al modo de hacer el té, y quiso ilustrarlo con el libro. Tal vez, después de su lectura, lo hicieran mejor. Tengo ese libro y lo he leído varias veces, con su vocecita imprecisa y a la vez firme, ripostó Actité. ¡Deliciosa relectura!, exclamó el Aguafiestas sin darse por aludido. Según el libro de Lu Yü, prosiguió ella, debía el buen té, el té pálido, tomarse en compañía reducida, y con gente dada al arte de la conversación. De ese arte conversábamos cuando aparecieron las frutas... Beber té a solas, lo llama Lu Yü en su libro, beber *retirado*. Entre dos, estar *cómodos*. De tres a cinco, *encantador*, que es lo que ha resultado nuestro encuentro. De sumarse uno más, hubiera sido *vulgar*. De siete a ocho, demasiado *filantrópico*. Pónganle a la palabra una pizca de ironía. Ahí viene el chino con la cuenta.

El Aguafiestas pagó rápidamente. Parecía cansado de estar en La Torre de Marfil. Sus piernas se movían bajo la mesa, sus dedos repiqueteaban encima. Rompamos la bóveda, dijo de pronto. Esta comida solitaria, y luego acompañada en los postres por un número *encantador*, ha sido demasiado extensa. Tan extensa como una vela de armas o la cena navideña de *Fanny y Alexander*. Temo caer en contradicción. Se levantó de un salto. Vayamos en busca de la noche habanera, y avanzó hacia las puertas de salida.

Sus amigos lo siguieron.

8

¿Y qué más falta en homenaje a la coherencia? El Aguafiestas preguntó sin volverse.

Desde que salieron de La Torre de Marfil, andaba con idéntico andar delante de sus amigos, incontenible, apremiante, alejándose de ellos, y hablando alto para hacerse escuchar. Unas veces tratando de alcanzarlo, otras dejándolo distante, el grupo avanzó por Mercaderes, dobló por Obispo y desembocó en la Plaza de Armas, iluminada a tal hora por la claridad amarillenta de sus farolas de gas.

Fue Aristarco el primero en llegar y entrar en la Plaza. Al verlo avanzar, pisando fuerte en las viejas losas, supusieron sus amigos que iba en busca de un banco apartado, donde pudieran sentarse juntos y continuar conversando. Esto les pareció mientras lo seguían y entraban a su vez en la Plaza. Se darían cuenta luego de cuál era su intención.

Siéntense, mis amigos. Este lado es el más tranquilo.

Actité caminaba del brazo de Filonús, y fue la primera en desprenderse y ocupar el banco, un largo banco de vieja piedra, revestido en su parte superior por un mármol gris. Filonús la siguió, sentándose junto a ella. El apodado Licino y Jenofonte, que venían flanqueándoles el paso, se sentaron a ambos lados de la eventual pareja. Los cuatro quedaron frente al Aguafiestas y de espaldas al Templete, cuyas luces se hallaban apagadas, cerradas sus grandes puertas macizas. Sólo Aristarco continuó sin sentarse, parado frente a ellos, las manos en los bolsillos. Echó a andar de repente. Caminó del uno al otro, con paso calisténico, y regresó al punto de partida, para repetir su especie de inspección. Pareces el capitán de un navío, dijo Actité. De un navío en tierra. Llevo largo rato varado. Por unos instantes se apoderó de ellos la calma de la noche, su silencio esencial. Quietos, callados, oyeron el viento en la ceiba secular del Templete. Aristarco veía a sus cuatro amigos en el largo banco, y pensó, o temió quizá, que su tiempo comenzara a agotarse, sin permitirle conversar sobre tantas cosas abandonadas, regadas por su lengua en el viento.

Escogió un árbol próximo, desde el cual podían verse y escucharse, y se recostó en su tronco. ¿Estaría recostado en un laurel? Pese a la prontitud de su palabra, a los enlaces inesperados que tendía entre elementos disímiles en apariencia, algunas veces se quedaba vacío, balbuciente. Colocadas de pronto en una esfera vidriosa, las cosas se alejaban en una especie de inexpresión, inapresables. Si ignoraba el nombre de algo, el del árbol en que se recostaba —¿de veras sería un laurel?—, no le agradaba sin embargo preguntar. De hacerlo, lo invadiría una sensación de disminución, y se sentiría en entredicho, un poco perdido.

Además, la renuncia a preguntar le propiciaba el disfrute de una sensación peculiar: aceptar el árbol como especie inefable, innominada, inclasificada, aceptarlo, sencillamente, como *cosa*. Un nombre ¿qué era o que podía ser? Ni un pie, ni una mirada, ni una boca, consideraba Julieta, inflamada de amor. Si no lo decía ella con parejo sentido, ni en la dirección en que Aristarco pensaba, no le importaba mucho. A menudo una frase decía una cosa que no decía realmente, para lo que no fue pronunciada o escrita.

No hablaba de la época, ni de la ciudad ni del asunto del que en verdad hablaba, sino de su tierra y de su asunto.

Bastaría con sentir la rugosidad del tronco, su ruda corteza, para experimentar su presencia (o su ser) de árbol. Pedacitos de madera, pegados a las ropas del Aguafiestas, hincaban su espalda, sus nalgas. Dobló la pierna y pegó el pie derecho en el tronco. Sin palabra ninguna: estaba.

Se fijó que a su pie izquierdo solitario lo circundaba un enrejado de hierro fundido, suerte de armadura defensora de las raíces del árbol. Era evidente: el hombre protegía y organizaba sus jardines, sus paisajes, sus parques. Escogía, recortaba, dándole al árbol, a la planta, formas ideales, y marcaba el sitio, fertilizaba. Oyó el rumor de las ramas y no alzó la vista: el viento se trenzaba en el álamo o en el laurel. Con la llegada de la noche callaban los pájaros, respetuosos se iban a dormir, al igual que vacas y gallinas. Seguramente, sobre su cabeza, dormían gorriones picarescos, como los vio Víctor Hugo y repitió Casal. Imperaba la hora del ave de presa, picos hábiles y suspicaz pupila, y la de los pobres roedores en la oscura tierra, hora de la cacería.

Actité lo invitó a sentarse a su lado, y Aristarco Valdés abrió los brazos, indicando que se hallaba ocupado el espacio. Los amigos se corrieron rápidamente para abrirle lugar, y Actité repitió la invitación. Sus dedos, plagados de anillos, daban golpecitos en el mármol. Le recordó la frase que Aristarco pronunciara cuando ella entró en La Torre de Marfil, cumple con la misión civil de estar sentado.

Esta vez se negó.

La mano invitadora se fue deteniendo y, tras un momento de vacilación, avergonzada quizá por su insistencia, volvió Actité a unirla a la otra solitaria en la falda, y la dejó descansar encima. Quedaron a la vista sólo tres anillos, tres anillos que no emitían ningún reflejo.

El espacio en el banco permaneció vacío. El Aguafiestas, pegado en el tronco del árbol inefable, no se sentaría a su lado. Dejar de complacerla era una indicación de su libertad personal, ligera, un poco boba sin duda, pero que Actité percibiría, dada la relación que desde su llegada a La Torre de Marfil se estableciera entre ambos. Una corriente de simpatía y de deseo iba en aumento a medida que la noche, gran propiciadora, libertadora de los anhelos del Eros, despertaba en su marcha hacia la madrugada. Al dejar de complacerla, además experimentaba, nuevo Narciso mirándose en las oscuras aguas del espejo nocturno, la deliciosa y temible sensación de su propio poder. Se limitaba, se imponía una disciplina, y posponía su deseo. O más bien, lo prolongaba. Calladamente le decía *espera*. Y si no conseguía calmar su sexo intranquilo, podía posponer la consumación. Sumarle otra inquietante delicia. Quedarse de pie, renunciar a ocupar el sitio que ella le ofrecía en el banco, lo hacía vivir interiormente, medir y gobernar el alcance de sus fuerzas.

Otras veces, por el contrario, consentir y entregarse al deseo ajeno constituía una manifestación de su propia energía. Dejarla escapar, ofrecerle una salida compartida, le permitía apreciarla con mayor claridad. Se volvía ostensible. En cierta medida, ¿no era *ser*? Conocía sus reacciones. Al menos podía suponerlo. Para tener noticias de sí, recordó haberlo encontrado en su amado Séneca, se necesitaba alguna prueba. Sin probarlo, nadie alcanzaba a conocer lo que podía.

¿Que reacción tendría Actité? El mensaje que implicaba no sentarse a su lado, ¿cómo sería entendido? O para modernizar su lenguaje, con frecuencia muy siglo diecinueve, ¿cómo sería descodificado? La miró procurando captar lo que sentía. Intentó leer en su cuerpo, interpretar a su vez el signo que éste le hacía. ¿Qué movimiento podría delatarlo? ¿Echar los senos, tan deliciosamente pequeños, hacia adelante? Por el contrario, recostarse en el respaldo de hierro del banco, ¿y echar hacia atrás la cabeza? ¿Callarse? ¿Precipitar la conversación...? De estos signos, cualquiera resultaría susceptible de variadas lecturas. Y volvió a experimentar, al igual que muchas veces delante de otras mujeres, que había algo oculto, secreto, en eso que gustaba llamar *una persona*.

Quizá Actité, obediente a su instinto femenino tan perspicaz, comprendería su inclinación y por qué renunciaba, dilatando el inicio. O mejor, sus consecuencias posibles. Desplegaba en realidad una tonta estrategia, muy perceptible para una mujer, encaprichado en seguir de pie, recostado en el tronco... Temió de repente no ser comprendido, cabía esa posibilidad dentro de la infinita posibilidad, y estuvo a punto de ocupar el espacio en el banco, el espacio que ya la mano no ofrecía. Y por el contrario se pegó más a la madera, hasta que un fragmento de la corteza se hundió en su espalda. Volvió el deseo, apenas aplacado, a percutir en su sexo, como ocurriera en La Torre de Marfil, cuando exponía sus opiniones y se entregaba a los destellos del torneo intelectual. ¿O en él también reinaba Eros, los impelía a todos? Su sexo insatisfecho se manifestaba cada vez más anhelante. Queda tiempo, insistió en decirse. La noche es joven, como el inglés diría. O muy vieja y muy sabia. Hecha a la espera estratégica.

Ambos persistieron en su sitio: él donde estaba, gozando de su propia obstinación, ella en el banco, entre los amigos, sin un nuevo ofrecimiento. Su voz no obstante se elevó, tan frágil como siempre, y tan inconfundible, para decirle a Filonús acércate, no me gusta ver ese espacio junto a mí. Es un abismo. Puede tragarme con su soledad.

Filonús miró al Aguafiestas. ¿Descodificaría el signo? Creyó Aristarco que se percataría su amigo y, como hombre al fin, reconocería que él no se había sentado por un propósito definido, y en consecuencia dejaría el abismo intacto. Filonús al parecer se dio cuenta y se hallaba dispuesto a ayudar al amigo varón, cuando Actité insistió, y ante su lentitud en responderle, terminó halándolo por un brazo hasta hacerlo borrar con su cuerpo el espacio despreciado. No sientas su atracción, dijo irónica Actité, al obligarlo a cerrar el vacío.

Formaron los cuatro una especie de fila apretada.

Con una entonación que no era ya íntima ni equívoca, se refirió Actité nuevamente a un hecho. ¿No dijo él, y se dirigía un tanto burlona al Aguafiestas, que se debía cumplir con la misión civil de estar sentados? (Aristarco se preguntó si la expresión era exacta. ¿Había dicho misión o arte? Pensó que con tal expresión, al igual que con tantas otras, ocurría algo parecido: que había sido levemente transformada por el uso.) Y sobre todo, tratándose de sostener una conversación, para lograr integrar lo que él mismo llamara hacía un rato la bóveda, siguiendo en esto el sentido de la expresión espiritista, afirmó Actité que lo debido era sentarse con el fin de propiciarla, aumentar la intimidad y la confidencia, y no mantenerse aislado y de pie. ¿O acaso se debían levantar? Con seguridad se podrían crear diferentes bóvedas, igualmente propicias, pero siempre colectivas. Nadie debía desentonar. Todos de pie o todos sentados. Todos parados o todos corriendo. Si alguien hacía lo contrario, cuando iban todos en una dirección o habían escogido una postura, ese alguien generaba en el resto una especie de desasosiego. Se salía del número... ¿Qué hacía parado solo o solo caminando? Si todos caminamos, no puede haber ninguno sentado, sentado distante, a menos que caminemos en círculo, y volvamos a pasarle cerca. Sonrió para disculpar el absurdo galimatías que empezaba a aflorar en sus labios.

Se mantuvo erguida, con su vestido de tela blanca y basta, sus ojos negros admirables. Medio sensual, medio acerba: una lucecita relumbrante en sus pupilas. El Aguafiestas pensó que seguía siendo encantadora, y menos frágil. Una fuerza inteligente, tranquila y firme a la vez, que él hasta ese momento no había descubierto, parecía, brotando de su cuerpo, desplegarse en la noche. Delicada en su fuerza, singularmente ágil, flexible, como de otra especie humana, si nada había cambiado en ella, se había intensificado su presencia. Tantas cosas él ignoraba de su vida... Hubiera querido ponerse a preguntar.

Ella hablaba otra vez, con ese algo caprichoso y sabio a un tiempo, que atraía —singularmente— al Aristarco. Hablaba de un hecho interesante y abandonado, hecho que la gente solía pasar por alto mientras lo realizaba, mientras se sentaba en una silla, se recostaba en un canapé o se acostaba en una cama. Tres posiciones claves, y tres muebles claves. Implicaban conexiones, distingos entre diversas peculiaridades. No estamos solos, ni hemos querido estarlo, sentenció un tanto sibilina.

Aclaró luego que se vive rodeado de múltiples cosas, sillas y bancos, y extendió un brazo abarcando el asiento donde se encontraba el cuarteto de amigos, y se han inventado movimientos, gestos, destrezas, posiciones con el fin de usarlos. En cada momento singular, se realizan nuevos ajustes corporales. El cuerpo tiene una capacidad infinita para estos ajustes. ¿Qué es una silla, sino una parte del esqueleto? Se irguió más contra el respaldo del banco. Una parte que aprendemos a usar, como la araña, tan mencionada esta noche, su conjunto de cerdas. Y más diría, es nuestro esqueleto externo, el que podemos ver y limpiar. No es el único, pero es uno de los tantos que empleamos. Necesitamos un esqueleto exterior para poder permanecer sentados.

Nunca olvidaré la manera que tenía mi madre de sentarse en el sillón de su cuarto. Nunca pude tampoco imitarla con exactitud. Entraba y la veía sentada de un modo tan especial, tan suyo. Al principio creí que el carpintero había diseñado el mueble —exclusivamente— para ella, pensando en la postura de su cuerpo, o en la postura que su temperamento hacía adoptar a su cuerpo. Pues ella al estar sentada dejaba fluir su temperamento, manaba de su esqueleto y hacía que la externa columna vertebral de madera adquiriera su forma interior. Se conjugaban perfectamente. Cuando ella se levantaba, el sillón me parecía conservar parte de la presencia de mi madre. Olía a ella, a sus vestidos, a su perfume. Olía a su carne, tenía un parecido y como el acento de su figura.

¿Y cuál era esa manera de sentarse?, indagó Licino, muy abiertos los ojos brillantes. Todo en él escuchaba, atendía. La cara tensa, alerta. Se había ido corriendo y ya estaba al borde del banco.

Abandonada del mundo y entregada a sí misma. No era exactamente desmadejada, pero como si las tensiones exteriores hubieran cesado. Los pies tocaban el suelo, también como para que descansaran. Es más, se doblaban en el suelo. Ella descubrió que los asientos, cuanto más bajos, tanto más cómodos. Antes del descubrimiento de esta fórmula tan sencilla, mi madre solía pensar que los ebanistas, inventores de asientos, eran muy hábiles y tenían probablemente una fórmula numérica con la proporción entre la altura, ancho y ángulo de inclinación de los muebles. Sin embargo, notaba siempre al sentarse que algo le impedía hacer suyo el asiento. Fue entonces que descubrió su fórmula. Hizo recortar a las patas varios centímetros, e inmediatamente el sillón de su cuarto le perteneció. Se trataba de acercar sus pies a la tierra. Nada como la tierra para descansar, decía con dejo ambiguo. Pies doblados en el suelo, cabeza en el respaldo, manos muy sueltas sobre el brazo del sillón. Solamente cuando están sueltos, decía mamá, los pies, manos y cabeza, cuando parecen jugar en el vacío, obedecer a su propia soltura natural, puede estar cómodo el corazón. Y es la condición absoluta, les digo en esta noche, para una conversación que merezca la pena.

¿La soltura?

Sí, soltura del cuerpo. La que nos lleva a la soltura de la mente y a la posterior soltura de la lengua, replicó a la pregunta de Licino.

El Aguafiestas comenzó a sentirse inútil, impresión que detestaba. Había esperado algo tan distinto. Quizá de acuerdo con su energía habitual, ese algo llegaría, y Actité a su vez lo demoraba. ¿Estaría haciendo lo mismo que él? Las mujeres estamos hechas de tácticas, recordó que en una ocasión una amiga le confesó. Actité ya no hablaba exclusivamente para él, sino que parecía contar también con los demás, eran sus interlocutores. Generalizaba la conversación, y agregaba el elogio de la conversación auténtica. ¿Iría viendo *la cosa* y volverían al tema abandonado cuando salieron del restaurante? Ahí sí tendría algunas observaciones que realizar, y quizá no se sentiría tan solitario. Sin embargo, lo acuciaba su soledad, la inesperada mudez de su lengua. Estaba o se sentía implicado. Dado su interés por Actité, algunas de sus expresiones lo alcanzaban como salpicaduras intencionales. Instintivamente dio un paso para acercarse e intervenir en el momento oportuno.

9

Fue comprobando, en tanto se aproximaba el final de la noche, que su momento demoraría en llegar: ya urdían sus amigos la conversación, ya lo dejaban al margen. Guardar silencio, persistir recostado en el árbol, provocaban igualmente un olvido decisivo: era su efímera presencia en verdad la que los afectaba y los animaba al diálogo, tanto como la de ellos, llegada la ocasión, lo hacía igualmente disertar. Se necesitaban y se contaminaban. Y con frecuencia parecían, recíproca e imaginariamente, construirse entre sí.

¿Por qué no te sentabas en las piernas de tu madre?, indagó el llamado Licino, pendiente todavía de las palabras de Actité. No me lo hubiera permitido. Le habría parecido una profanación de su persona. O que mi contacto la traía de nuevo a los trajines del hogar.

Cuando era niño yo tuve ese privilegio.

Desde un vago pasado confuso, desde lejos, desde otro mundo o período prenatal, recordó Licino el tiempo en que podía estar en el regazo de su madre. A ella, que lo llevaba de paseo por la playa, le encantaba sentarse en la arena. Actité mencionó entonces, y con gran prontitud, las sillas de lona, los asientos de plástico... Lo hizo con cierto rigor. Mi madre gustaba improvisar sus asientos, le aclaró Licino. Recorrían la playa, de pequeño iba en brazos y luego de la mano, hasta encontrar el lugar deseado. Escogía cuidadosa. No le importaba, me parece, que hubiera gente alrededor, mucha o poca, sí le importaba que el lugar tuviera un murito bajo o una piedra grande. Cuando no los tenía, arrastraban un pedazo de madera, y entre los dos lo hundían de punta en la arena del sitio escogido. Quedaba semejante al mástil desvencijado de un barco. Tras sentarse en la arena, su madre se recostaba en la madera. Yo me iba a jugar o, sin alejarme de la orilla, nadaba un poquito. No recuerdo que lleváramos nunca una silla o la alquiláramos. Y Actité, con la intención evidente de confirmar su teoría, manifestó que madero y piedra se convertían en respaldo, y la arena en asiento de la silla inexistente, irreal o soñada. La silla real ha devenido, dentro de nosotros, un arquetipo que exteriorizamos en el instante necesario. Vamos formando, con cualquiera cosa a la mano, el arquetipo de la silla. De la mente salta a la arena. Me refiero, por supuesto, a los habitantes de nuestro mundo. Turcos o japoneses tienen la costumbre, al igual que la tuvieron los olmecas, de sentarse en el suelo con las piernas cruzadas. Si los obligáramos a hacerlo en una silla, quizá sufrirían un calambre. Ellos buscan su esqueleto exterior en el piso.

Tras esta conclusión, de signo aristarquiano en Actité, Licino volvió a su relato.

Mi separación de mamá era simulada. No sólo me mantenía cerca, sino que simulaba nadar o jugar en la arena. Tenía alerta el oído. Su cuerpo, sin alejarse del sitio donde estaba la madre, se movía sin hacer ningún ruido que impidiera escucharla. Nadaba sin agitarse, con hábiles silencios. Jugaba con la arena, sin atender mucho al juego. Estaba pendiente, a la espera. Y quien espera no puede entregarse a nada. Está un tanto en el aire, colgado de una cuerda invisible, esperando lo que no ha llegado. Y sin embargo ha llegado: reina dentro de su cabeza, en su mente, en su imaginación, en el lugar donde ustedes quieran. Movía sus menudos pies y sus manitas en el agua, y su cuello sin embargo estaba rígido, erguida la cabeza. El llamado llegaría. Nunca, durante su infancia, dejó de llegar, alzándose desde el sitio predilecto. En el mástil figurado, en el pedazo ahuecado de roca, su madre pronunciaba su nombre. Lo invitaba a ocupar su sagrado y misterioso regazo. Yo no acudía en el acto. Me hacía llamar una, dos, tres veces. Sin embargo, castillo, foso y trincheras de arena, el displicente nadar, habían quedado abandonados. Y no esperaba más: corría a sentarme en sus piernas.

Qué seguro, qué superior se sentía. Dulce, tranquilo era el mundo. Envuelto, protegido por algo que resultaba infalible. Era más alto. O veía las cosas desde cierta altura, como *un reyecito* sentado en su trono, tibio trono sanguíneo. Trono que le contaba cosas del mundo y de la vida. Hablaba mal, y bien al rato, de la conducta de mi padre, un trono que se lamentaba y de repente se volvía tan feliz. Me nombraba los avíos de playa, con vocablos exactos o equivocados, contaba los kayacs que pasaban, las velas inflamadas al viento. Estaba protegido por la espalda. Mi espalda se recostaba en los pechos de mi madre, dos cojines acogedores, palpitantes. Percibía el latido de su corazón, y su voz sonaba más cerca: parecía trasmutada de su garganta a la mía, como si tuviéramos una sola garganta y una sola voz. Nada terrible podía llegar por la espalda: su madre lo amparaba.

Apartado y mudo, el Aguafiestas sintió una especie de paz compartida. El relato de Licino avivó su memoria. ¿Había él descansado también en el pecho de su madre? Ahora le parecía que sí. Volvía la contaminación, las experiencias se tornaban recíprocas. ¿Lo hacía Licino recordar? ¿Creaba, con sus propios recuerdos, los suyos? La espalda humana era una zona tan vulnerable. No sólo en la niñez, sino a lo largo de la vida. Pegándose un poco más, se acogió al tronco del árbol. Sin palpitar ni sentir correr su savia, lo protegía. No hablaba, nada decía con palabra humana. Rugoso, duro, y si se pegaba más, marcaría su espalda, y sin embargo, lo protegía. ¿De qué? Eso era ya un tanto oscuro e inexplicable. ¿De qué? Pensó que del tigre africano, tigre visto solamente en sus libros de estudiante y que aún aparecía en sus pesadillas, o tal vez de una pedrada o de la *ursa horribilis* de la noche. En fin, de cualquier cosa, soñada o existente. De un perro rabioso... ¿Qué temor era aquél, irracional y a la vez fuerte, temor a que algo horrendo pudiera asaltarlo por la espalda? Tuvo el impulso de inmiscuirse en la conversación y citarles el verso que José Martí dedicara a su hijo, "sea mi espalda pavés de mi hijo", y no obstante se hundió más en el silencio. Sonrió, increíblemente, sonrió a sus amigos. Aunque él no hablara, todo semejaba ser examinado, narrado e interpretado por los cinco. ¿Había explicado Actité el significado de este número?

Filonús interrogó abruptamente a Licino. Guardadas las espaldas, ¿qué tenías delante?

Jenofonte soltó la risa. Risa parecida a la del Aguafiestas: un masculino estruendo, pleno de buen humor, menos franco en él que en Aristarco. Con el puño cerrado, Filonús le dio un golpe amistoso en la pierna. La risa del amigo —para Filonús intempestiva— lo había sorprendido, quebrando el efecto que le causara la descripción de Licino.

Éste sin embargo no se inmutó, pareció interrogarse. Delante, ¿qué cosa tenía? Y reanudó su relato afirmando que, guardadas las espaldas, tenía delante una especie de panorama hermoso, divertido espectáculo, colorido, dorado, donde cada cosa era apasionante, y ninguna podía hacerle daño. Como si su propia madre estuviera contando un cuento, cada uno de esos momentos, la gente que pasaba o se tendía al sol, sólo constituían un libro de estampas iluminadas por las palabras de mamá. Parecía todo tan cordial. Mamá sentada en la arena, yo en su regazo, oyendo sin cansarme, ni temer, mientras ella apretaba a su niñito contra su vasto seno... Pero crecí, y este privilegio me fue rehusado por ella y por la vida. Ya soy un grandulón.

¿Y tu madre no se mojaba los pies?, preguntó Jenofonte, con esa manera suya de agudizar la entonación al final de ciertas preguntas. Me figuro que sí, que a veces se mojaba los pies. Cuidado con el Jefo. Algo prepara, advirtió Filonús. A mamá le placía mirar el mar, más que bañarse. Contemplativa la señora. Suelta el chiste de una vez, anda, lo conminó Actité. Pero él, Jenofonte, aclaró que no se trataba de ningún chiste, sino de un recuerdo doble.

Bueno, memorialista, pasa el casete. Eres hombre al día, amigo Filonús, y Jenofonte se burlaba.

Mi madre no permitía que yo me sentara en sus piernas, relató después el Jefo. "Eso es antihigiénico. No me gusta vivir amontonada." No sabía nadar, y se sentaba cerca del agua para que el mar tan sólo la mojara. Chapoteaba contentísima, y huía de las olas como de una amenaza de muerte. El mar me encanta, decía la madre de Jenofonte, pero él en su lugar y yo en el mío. El lugar de ella era la tierra firme. Papá y yo nadábamos juntos. Fue él quien me enseñó a nadar. Eres hijo de Yemayá, me decía. Mamá, cuando nos alejábamos, gritaba y fingía ahogarse para obligarnos a regresar. Los pocos días que lograba controlar el pavor que el mar le infundía y se sentaba más adentro en el agua, papá se aproximaba para entonarle bajito una cuarteta, que nunca he olvidado: "Cuando vayas a la playa / no te sientes en la arena / porque viene una ballena / y te pica la papaya."

Menos él, todos rieron. El Aguafiestas soltó una de sus carcajadas *homéricas*. Jenofonte los miró estupefacto. No creo haber dicho ningún chiste. Todos pensaron que mentía, y que se trataba de una típica contaminación aristarquiana. Sus amigos nunca pudieron comprobar, ante tales ocurrencias, si eran deliberadas o espontáneas, si manifestaban de intento el lado grotesco de las cosas, por el Jefo descubierto, o resultaban salidas inocentes.

Tal vez al contrario de Aristarco, Jenofonte no pronunciaba ciertas palabras de modo peculiar, como si quisiera subrayarlas, dándoles (o descubriéndoles) un sentido inusitado. Para algunos vocablos, el Aguafiestas tenía en la voz cursivas y mayúsculas y, para ciertas sentencias, entonación singular. Sus amigos podían dudar si hablaba en serio o en broma, mezclando una interpretación humorística con otra —esencialmente— patética. Actité sospechaba, llevada por su instinto femenino, que acudía al humor para aliviar su visión trágica de la vida, de la que intentaba escapar. En él era evidente el afán de estar de vuelta en todo. No se dejaba asombrar ni sorprender. Parecía vivir sobre aviso, y que ya todo había ocurrido para él. Esta conducta originaba cierta singularidad en su trato: una seguridad que resultaba atrayente y ejercía fascinación, a la vez una frialdad que repelía al poco tiempo, y tenía un efecto desolador en sus amigos. Como a veces decía, citando a medias una máxima senequista, después de los treinta años la vida es repetición. ¿Qué edad tenía realmente el Aguafiestas? Su edad era otro de sus enigmas, como lo eran el lugar donde vivía y sus múltiples evaporaciones.

Si Licino, que mucho rato estuvo dedicado a escuchar a los otros, y el propio Aristarco podían callarse largamente, Jenofonte siempre hablaba algo, aunque en cortos períodos sucesivos. Y necesitaba para ejercitarlos, desfogar su malicia y clavar su aguijón, de la conversación de los demás. Que se iniciara y se encrespara para poder manifestarse. Las gradaciones de su risa y su inmutabilidad, desconcertantes para sus interlocutores, eran sus mejores instrumentos. Pronunciaba los peores sarcasmos con inmutabilidad incansable, tildada por Aristarco de neoclásica, y que a todos lograba despistar acerca del propósito de sus intervenciones fulgurantes. Los ademanes, lentos, sobrios, eran dignos de un caballero neoclásico. No me disgustan esa calma, decía el Aguafiestas, ni esa apariencia de estatua anacrónica. Son un homenaje a lo imposible. Como el intento de Zequeira u otro poeta neoclásico, poetas muy del gusto de Jenofonte, no puede tomarse por un éxito, lo que sería grotesco en un país de bullanga y bongó, y en pleno siglo veinte, pero considerado en cambio como fracaso intencional, podría resultar una noble aspiración. Una pretensión desesperada, acto de adhesión a una causa perdida. Me conmueve mirarte, y saltó incontenible la risa apoteósica del Aguafiestas.

Nunca al conversar apartaba Jenofonte los brazos del cuerpo, ni al caminar tampoco. La gesticulación nacional le causaba horror. Según su expresión, igual que un escrito plagado de adjetivos sobrantes. Huía de lo que llamaba "monismo criollo". Monismo no era en su boca término filosófico, definición de un sistema de pensamiento, sino referencia al orangután, al chimpancé. El cubano, para Jenofonte, semejaba por su gesticulación sin control, un mono delante de un espejo.

Rígido, un tanto encorsetado, relampagueante sólo la mirada de sus ojos amarillosos, resaltados por su juvenil barba rubianca, lanzaba con imperturbable sangre fría, parecido en esto al Aguafiestas, opiniones de matemática extravagancia. En su postura de caballero neoclásico podían destacarse dos contradicciones: ni dioses mitológicos ni términos anticuados asomaban a su conversación. Su método consistía en hacer resaltar, desde un punto de vista que alteraba las líneas habituales de las cosas, relaciones un tanto inapreciables para los demás, pero mediante palabras ordinarias y expresiones populares. La otra contradicción consistía en que no usaba medias y se quitaba los zapatos en cualquier momento, dejando a la vista sus pies desnudos, hecho no muy habitual en caballero de su escuela.

Cuando estaba de broma, solía el Aguafiestas señalarle una tercera contradicción: su condición de mezclado. Jenofonte tenía la piel de mulato, encrespado el pelo, y no obstante la nariz larga, un tanto curva. De frente, con la cabellera laqueada a la moda y vestido con cierto abandono buscado, su presencia era de tropical hermosura. De perfil sufría sin embargo una inopinada desvalorización. Culpable de tal hecho era el prominente tabique de su nariz.

Al mencionar la cuarteta que su padre canturreaba al oído de su madre, había aclarado que se trataba de un recuerdo dúplice. Por una parte, el de su niñez, y por otra, agregó después, el recuerdo de la conversación que habían compartido en La Torre de Marfil. En ella la palabra papaya adquirió también un sentido doble: la fruta y el pubis. Adquirir no era la palabra exacta, pero carecía por el momento de otra. Lo que quería decir le pareció al principio muy simple, después se hizo más complicado. La analogía entre el sexo femenino y la fruta dotaba a la vieja cuarteta popular de algo que excedía la comparación graciosa. Él la recordó en una dimensión diferente, más honda. Yo veo el mar y el cielo azules, pues son azules en el recuerdo, una inmensidad, y la mujer sentada en la orilla. ¿Cómo puede una ballena aproximarse sin morir? Es una de las desmesuras de nuestra imaginación. ¿Y la otra? Picar el sexo, picar la papaya. Imagínense eso. La ballena, que habita en las profundidades de los mares polares, atraviesa el cálido Caribe y arriba a una playa cubana. Se calló por un segundo. Me pregunto, dijo luego, qué atracción puede ejercer, y de tan lejos, el pubis-papaya, sobre el cetáceo. Parece distinguirlo, olfatearlo a gran distancia... Picar de una dentellada el sexo, el de mi madre —ella era la amenazada por el enorme mamífero—, es una imagen descomunal. Tras el descubrimiento analógico, se abrió frente a mí como una extensión, una dimensión marina, azulada, inmensa: la ballena avanzando rumbo al sexo de mi madre, a pleno sol, ante la infinitud. ¿Qué les parece?

Se hizo un silencio que nadie rompió.

El Aguafiestas se removió en su sitio. Quería intervenir, y su boca permanecía extrañamente cerrada. Hubiera querido decirle a Jenofonte que había descuidado un pormenor: el miedo. El propósito de la cuarteta era infundir miedo a la mujer, impedir su transformación en adúltera: que imaginara la ballena, el mayor de todos los animales conocidos, surgiendo inesperadamente de las aguas junto a sus pequeños pies indefensos. Un remolino, y el cetáceo, el cuerpo gigantesco impregnado de grasa, lanzando un chorro de vapor, abiertas las mandíbulas, con los dientes dispuestos para la mordida... Qué espanto el de esa mujer en la orillita, con su vulva mojada por el mar... Continuó sin embargo en su inusual mutismo. Fijó sus ojos en Actité, y resopló, resopló como un ballenato.

Fue Licino quien —abruptamente— rompió el silencio. Con el tenue tartamudeo que a veces lo acometía cuando empezaba a hablar, contó que existía algo que no les había dicho y debía sin embargo decirles, con el fin de evitar que se formaran una imagen equivocada de su infancia. A semejanza de muchos niños, fue vivaracho y de inteligencia despierta, pero corriente, ni pensador, ni filósofo enano. Aquel niñito, que su madre apretaba contra su vasto seno, chupaba caramelos, era regordete y se orinaba en la cama. Suponía Licino que, partiendo de su presente, inventaba a medias el hecho descrito. O más exacto, lo ponía en una luz actualizada, luz que no fue la de su niñez. El niñito pensaba, pero sus emociones y sensaciones eran más vívidas que sus pensamientos. Vívidas y fuertes. Cuando ya no se sentaba en las piernas de su madre ni su pecho podía protegerlo, sobre esa edad pasada reflexionó. Probablemente cada edad de la vida se multiplicaba en las reflexiones sucesivas de otras edades. Las cosas que le habían sucedido se volvían de una riqueza inagotable. ¿Por qué? Porque retornaba a ellas cada cierto tiempo. Este retorno las agrandaba y profundizaba, al dotarlas de relaciones nuevas. Parte de esto le parecía haberlo leído, y no sabía ya cuántas veces se lo había repetido, y repetido a diversos amigos. Quizá ocurría con esta observación lo mismo que con ciertos hechos de su propia vida: repetirlos y repetírselos, volver sobre ellos, los enriquecía. No excluía la posibilidad de la deformación. Pero ésta poseía una utilidad: permitirle ver claro en sí mismo. Su infancia no era —solamente— la que había vivido, sino la idea que se hacía de ella en la juventud, la que se haría en la madurez, cuando llegara para él, y la que iba seguramente a hacerse en la vejez distante. Tal vez por esto la infancia resultaba la edad más importante: era la más recordada. Y entonces le vino a la boca una frase completa: "Los años son una unidad del recuerdo. Las horas y los días, de la experiencia."

¡Juramos no verte como un bebé sabihondo! Era Actité quien había exclamado. Un coro de voces afirmativas se unió a su exclamación. De entre ellas se distinguió la de Filonús. Amemos la coherencia y el orden mental. ¿Quién se reclina? Aludía a las tres posiciones enumeradas por Actité: sentarse, reclinarse, acostarse. Replicó Licino que, por ser un neoclásico, el turno le tocaba a Jenofonte.

10

Con gran seriedad empezó su disertación.

No avanzó mucho de una vez. Parecían su mente, y a medias su lengua, luchar con lo inexpresado. No voy a detenerme en las múltiples ocasiones en que me he recostado —¿o debo decir recliné?— en las columnas de los portales habaneros, ni en las tantas que vi a otros recostarse en columnas idénticas... Debo mencionar, sin embargo, aunque apurado, varias posturas que se adoptan para recostarse en ellas. Vaciló unos segundos, como si uno de los pequeños círculos concéntricos en los que se expresaba se hubiera deshecho sin enlazarse al siguiente. Actité creyó ver que de la boca de Jenofonte, semejante a las bocanadas de un fumador, salían anillos de humo que se disgregaban. Hay quien dobla la pierna y pega el pie en la pilastra, o más arriba, sin importarle estampar la huella del zapato y llevarse, cuando se aparta, una partícula de la columna centenaria, o quien reclina la cabeza —parte del hombro y a continuación la cabeza— con apariencia de meditabundo, Filonús gustaría decir, y actitud como de espera, espera peculiar de resignado. Éste aguarda un ofrecimiento de la vida. Cree que pasará por delante de su cabeza reclinada, por entre la inmensa columnata de la vieja ciudad... O este hombre descansa, toma aliento para proseguir luchando. Aquél no pone la cabeza, sino alzado el brazo, pone la mano. Busca amparo... ¿Se inventó, conforme aseguraría nuestra misteriosa Actité, su columna vertebral de hormigón?

Ya reclamaba Jenofonte el diálogo, el interlocutor. Y más: reclamaba al bienhechor contrincante. Esta vez sus amigos no acudieron en su auxilio. Estaban dispuestos, los muy pertinaces, a escuchar, no a discutir. En esta ciudad de miles de columnas, se vio obligado a continuar, siempre se encuentra una vacía donde coger aliento y soltar un suspiro. El que está recostado parece esperar. ¿Vendrá la novia o la muerte?

Miró a sus cuatro oyentes. Y sin mover un brazo ni un músculo de la cara se preguntó inmutable. ¿Vendrá la guagua?

El cuarteto sonrió callado.

Jenofonte desvió —bruscamente— sus ojos amarillosos y los detuvo en sus pies. Los tenía sin medias, calzados con mocasines. Luego miró otra vez, pero sólo al Aguafiestas, y se dio cuenta de que él también estaba recostado, recostado desde hacía mucho tiempo. ¿Por qué no pedirle que contara su experiencia, ya bastante larga? El árbol era una columna, columna con hojas sonantes. Antes de volver a hablar, los labios de Jenofonte se curvaron en una sonrisa condescendiente.

Él mismo había sido, y era, un tipo recostado. El tipo que se reclina. De muchacho lo hacía hasta en el bate de la pelota. Todavía le encantaba, cuando lo sorprendía la lluvia en la calle, recostarse contra cualquier pared que se ofreciera benigna. Su padre afirmaba que, al igual que ocurría a las vacas en el campo, cuando llovía era su momento de mayor debilidad. Me flaquea la osamenta, pipo. Como las vacas, no debía realizar ningún movimiento. Su encanto se duplicaba si, al llover, podía recostarse en una de las columnas de los portales habaneros. No sé si me encanta o me calma. La lluvia parece más linda. Saco la mano y dejo que en ella caigan las gotas. Qué alivio, mis sociales. Llueve, y uno está recostado: la ciudad se pone tierna cantidad. Cuando era chiquito, corría bajo el aguacero. Se empapaba, chapoteaba en los charcos. Ahora, aunque le duraba el impulso, se quedaba en la columna recordando esa alegría, cogiéndole el gusto a distancia. Otros corrían por él... Oigan, realmente recostado y lloviendo es mejor que estar en la falda de mamá.

Buscó a Licino con la vista, como llamándolo a la palestra. Éste, al igual que el resto, siguió sin embargo callado. Entonces Jenofonte tornó al respaldo del banco, del largo banco de antigua piedra carcomida.

Nada hay más triste, mis sociales, que el joven buscando en qué recostarse. No le bastan las columnas ni los muebles, el marco de las puertas. Los divanes lo aburren o calientan su sexo en secreto. Busca un pecho, quien le ofrezca su espalda, una osamenta tierna. Nada más triste, mis sociales.

La tristeza alcanza su punto álgido cuando el tal joven frecuenta una fiesta de gente de su edad. Están sonando Los Beatles, submarino amarillo, el tonto de la colina, y él, apoyado en la pared de la sala, y los otros, los acompañados, bailando... Vaya momento, el más solitario de la juventud. Se está metido en el submarino *yellow*, se es el bobo de la pared. Y con Los Beatles se puede bailar solo, despegarse de la pared y meterse en el barullo propicio, pero si tocan un bolero, la desgracia es total.

Apartando la cabeza de la fila que formaban sentados, Actité lo contempló interrogante, un tanto incrédula. ¿Sería él ese muchacho apoyado en la pared? Del tono de Jenofonte resultaba casi imposible obtener conclusión alguna. ¿Resumirían sus palabras observaciones que no le concernían personalmente? Si llegaban a obviarse prevenciones sociales contra el color de su piel, Jenofonte podía complacer el gusto de cualquiera muchacha. Parecía tan naturalmente bello... A primera vista se le tomaría por un conquistador despreocupado. Después de ese momento percibió en su expresión cierta melancolía altiva, la sombra de una desesperanza. Y de pronto se burló de sí misma: estaba poniéndose picúa.

Su cabeza volvió a alinearse entre las otras.

Tras la intervención de Jenofonte, sólo interrumpió el silencio un ruido inesperado: uno de sus mocasines, rodando de sus pies, había caído en el piso del parque. Cayó luego el segundo, con ruido parecido. Como volcados cerca de los pies que antes ocultaban, quedaron solitarios en las viejas baldosas. Los pies de Jenofonte, avergonzados quizá de su desnudez o imprevista aparición, continuaron discretamente inmóviles, hasta que al rato se movieron. Parecían desentumecerse y tomar el fresco de la noche. Avanzaron los dedos parados sobre las uñas, sin dirección determinada. Al cabo adquirieron una: fueron en busca de los pies de Actité, y la pequeña guarnición se detuvo al lado de sus sandalias. Un pie se separó del otro, como una avanzadilla, y un dedo hurgó en el cuero de la suela y las tiras. Tras ese movimiento inusitado, semejante al de una guarnición que se desplaza por un áspero terreno en dirección del cuartel, regresaron. Mientras sus pies descalzos se acercaban a los de Actité, Jenofonte recordó algo que ella había dicho al entrar en La Torre de Marfil, algo relacionado con la soltura y la libertad. "No puedo pensar si me los cubro o aprieto."

Entonces Actité, ante el desconcierto sonreído de sus amigos y el estupor celoso del Aguafiestas, se descalzó y puso sus pies desnudos en las baldosas, quietos, casi aferrados. Tenía las uñas pequeñas, perfectamente recortadas. Se veían relucientes en la claridad de las farolas. Inesperados, acudieron al llamado de sus pies los de Jenofonte. Se unieron. Subieron, se acomodaron, cada dedo suyo en un dedito de Actité, y quedaron ambos así, deditos sobre deditos, por un rato. Esta es también una manera de recostarse. Recobro fuerzas. Eres ahora mi suelo de tierra. Y antes de que él los retirara, ella invirtió la posición: sacó sus pies de debajo y los puso sobre los de Jenofonte. Esta es también una manera de recostarse. Eres ahora mi suelo de tierra. Alzó los pies y se anudó las sandalias. Regresaron a sus mocasines los pies de Jenofonte.

Él, después de este estímulo, debía esforzarse en llegar al final. Moviendo la cabeza encrespada, aseguró haberse perdido, no en la ciudad bajo el aguacero, sino en el asunto indicado. Soldar las ideas lo ponía mal. Sentía ganas de correr como un animalejo asustado. Ya que la sinhueso no corría, lo hicieran sus piernas, dotadas de mayor poder. Las venas de su vigoroso cuello se agudizaron, su voz enronqueció. En tales momentos de extravío, cuando su aspecto adquiría, opinaba Actité, el de una belleza atormentada, sus oyentes presentían que se acercaba lo más intrincado de la exposición. Aumentaban los estados de repentino mutismo, los puntos suspensivos.

¿Cuándo descubrió que pertenecía al tipo reclinado? No se proponía insistir en esto, pero ya que iba espontáneamente por ese camino, alguna utilidad tendría. Cuando le asignaron hablar de la segunda posición, pensó en dos cosas, muy físicas y muy tangibles, en una foto y en un retrato. En el retrato fue en lo primero que pensó. ¿Pensó o recordó? El retrato formaba parte de su vida, de la más escondida y cierta. Como en un relámpago, rápido vino el retrato a su mente. Después, la foto. De entrada no se referiría al primero, sino al segundo recuerdo, menos importante. Dejaba lo mejor para el final. Un remate sorprendente. ¿Sorprendente por qué? Exceptuado Licino, que en otro tiempo tanto amó los retratos, el resto no conocía su interés por dicho retrato. Ni su interés ni su relación vital con él. Pues con un retrato se puede llegar a tener más relación que con una persona. Por eso Licino, que lo sabía, le dio el turno del reclinado. Y lo hizo porque él era, según la calificación del Aguafiestas, también un neoclásico. El término brotó unido a una sonrisa ambigua que sus oyentes no supieron descifrar: ¿admitía el calificativo o lo rechazaba con irónica cortesía? El retrato estaba considerado por la crítica un alto exponente de la escuela pictórica neoclásica. Y Licino, al designarlo, unía ambas cosas, el neoclasicismo y la pasión. De eso hablaría más tarde, si la noche continuaba siendo favorable. Ahora debía responder a la pregunta de cuándo o cómo descubrió... ¿En qué manual de sicología se estudiaba el tipo reclinado? O más bien, ¿en qué manual de fisiología? Para su padre él figuraba entre los haraganes y los sin porvenir. No comprendía su padre o no quería comprender que recostarse no significaba —solamente— ser vividor, chulo y gandul, sino también ir por la existencia con una ligera inclinación. Podían padecerla los hombres más perfectos humanamente, sin dejar de ser útiles. El manso cuello inclino.

¿Cuándo...? ¿Cuándo lo descubrió? La culpa la tuvo Filonús. O la responsabilidad, según se mire. Como buen apasionado a la fotografía, Filonús andaba por todas partes con la cámara colgada del cuello, una Nikon, dorado sueño de los fotógrafos. Fue

Filonús quién lo retrató, apoyado en una columna de la ciudad, sin que se diera cuenta, cuando él estaba —puramente— recostado. No hubo pose, ni preparación, ni aviso. No se dio cuenta de que Filonús había tirado una instantánea hasta varios días después, cuando le regaló la foto. Por vez primera se vio a sí mismo como un tipo reclinado. Con la foto adquirió conciencia de su inclinación. Su imagen estaba en el papel de brillo, apresada por el lente imprevisto de Filonús, con su flaquencia de joven en crecimiento, sus largas piernas y aquella ropa que parecía quedarle chica... Esa foto, que nunca olvidó, lo ayudó a conocerse, revelado en su inclinación. El tipo escorado perfecto. Por ahí había oído escritos, decía Goethe que sin ver la cara de una persona nunca se sabe con quién se trata. Y después de la foto, sabía ya con quién trataba: con el tipo que va por la vida pidiendo le permitan recostarse un ratico... Y después de esa foto casual, se sorprendía imitándola. Al recostarse la tenía presente, y se imitaba. O mejor, imitaba al que veía en la foto. Por graduaciones se acercaba a ella, en un proceso de concienciatización, como dicen los locos de hoy, y de parodia mezclados. Eso tuvo que pasarle igualmente a la mujer del retrato. Seguro que quiso parecerse. Él era el de la foto, y después intentó serlo más, trazarse a voluntad. En el fondo le pareció que de nuevo se retrataba.

Soltó una carcajada, que terminó en un cloqueo agudo. Preguntó si no creían que se había excedido. No me ocurre mucho, pero suele venirme una parrafada completica. Mis manifestaciones más perfectas se componen de tres líneas orales. La cuarta es el punto crítico: en ella comienza el ajiaco. Nada tan confuso. Chapucero a la vista, como dicho plato criollo, pero tan divertido al paladar. Ahora una masita de puerco, luego el fufú de plátano.

En los instantes en que se animaba, Jenofonte se hacía dueño de la palabra, galvanizado por la pasión. Lo que llamaba su maquinaria lingual no ofrecía resistencia ni lanzaba chasquidos de dolor. Así había ocurrido horas atrás, durante la conversación dedicada a las frutas, en la que expuso las diferencias entre las europeas y las americanas, y trazó la defensa del anón como una de las frutas más misteriosas de la Isla. Si callaban sus oyentes, la emprendía consigo al presentir la llegada de la disgregación. Intentaba en el momento de agredirse que de sí propio surgiera el contrincante, salvador del caos, y parecido al alacrán, se clavaba su ponzoña irónica, no para darse muerte, sino, por el contrario, para resucitar como expositor.

11

Vaya, con entera franqueza, no recordaba el momento en que vio por vez primera el dichoso retrato. ¿Qué hacía yo? ¿Dónde estaba? ¿Qué edad tenía? Y sin embargo ya lo había visto: se le quedó en la mente, en los nervios más hondos. Sentiría gusto si les digo que se me quedó detrás de las pupilas, y después de acordarme que antes lo había visto, a muchas mujeres reales comencé a verlas a través del retrato. Con él las comparaba y las medía. Como si llevara puestos un par de espejuelos especiales, el retrato las calibraba.

¿Verdad que están ansiosos, cavilando qué retrato será ese del que habla este tipo? ¿Acabará por decírnoslo?

Pareció, alzando una mano abierta, intentar detener la impaciencia de sus amigos. ¿Acá no dijo que la impaciencia era el peor de los males? Y la mano apuntó entonces al Aguafiestas. Él pronunció esa sentencia célebre hace rato o quizá siglos. Y la mano fue a descansar en su barba rubianca. ¿Se burlaba el

Jenofonte esta vez? Apúrate, jabao. Pésimo juegas al *suspense*. No tienes madera de narrador policial. Felizmente, Filonús. Para cada policial, un bostezo. Nunca llegué a la segunda llamada del cartero.

Y en ese momento —irónicamente— confesó que el retrato era el de *Madame Récamier*, pintado por David. No debía seguir con demoras tontas. Estaban dichos el nombre del cuadro y el del pintor. De conocerlos, además, la conversación podía animarse con varios recuerdos personales. ¿Conocían ellos ese retrato admirable? Se elevaron voces afirmativas y se inclinaron cabezas, y hubo sonrisas de connivencia.

En realidad pocos datos conocía en aquel momento Jenofonte acerca del retrato de la Récamier. Tampoco había querido buscar demasiados. Sin ignorar la fecha en que fuera pintado por David, 1800, apuntadas sus dimensiones en la libreta donde acostumbraba anotar ciertas cosas importantes de su vida, y sabiendo que colgaba de una de las viejas paredes del Louvre, museo en el que nunca había podido estar, prefería no obstante esa especie de semignorancia, por lo menos al principio de su trato, según decía, refiriéndose al cuadro como si hablara de una persona. Sintió el placer —casi puro, si tal cosa fuera posible— de conocer sin preparación previa, erudición, juicios aclaratorios ni apreciaciones establecidas. Conocer como aficionado. O más exacto, rectificó, como quien toma afición por sí mismo, se acerca y mira con su sensibilidad, adiestrada sin duda, pero inadvertida. Aquí está la clave de la posible pureza. Suele la gente advertida percibir poco del mundo. Mira como recordando. Es completamente platónica, hubiera dicho Aristarco. ¿Por qué aspirar, en definitiva, a hallarse de vuelta de todo? Al igual que conociera el retrato de *Madame Récamier*, preferiría también conocer ciudades o estrechar la mano de una persona, sin saber mucho sobre ellas. Leer saltándose el prólogo y sin fijarse siquiera en la solapa. Lanzarse, ante multitud de cosas, a la aventura. De explorador polar. Navegar el Puraná o entrar en Yoknapatawpha sin mapas precisos ni brújulas, tendría sus tropiezos, y a la vez sus atractivos. No me enseñen demasiado a sentir y a comprender. Basta con poco, y a veces con nada. En el fondo me permite probarme, medir mis fuerzas auténticas. Y probar —igualmente— la fuerza de convicción y el sortilegio de las cosas que valen.

Tal método de lectura, por extensión para cualquier acercamiento, lo recomienda Montaigne en alguna parte de sus ensayos, intervino inesperadamente Licino. Calló Jenofonte, en espera de que sus amigos tomaran por fin la decisión de hablar, contribuyendo a que se encrespara la conversación y moviera su cola de serpiente. A semejanza de los demás, volvió Licino sin embargo al silencio. Un silencio —definitivamente— molesto. Casi aciago.

Y el Aguafiestas, ¿habría entrado en uno de sus períodos de evaporación? Aún Jenofonte podía verlo apoyado en el árbol, o en rigor, recostado. ¿Qué participación tenía Actité en un silencio inusual y hasta peligroso? Callarse significaba para Aristarco atentar contra su persona, correr el riesgo de la desaparición. ¿Dónde estaría su lengua, el más diestro de sus instrumentos? ¿Dónde su voz, clara, persuasiva? ¿Su risa apoteósica? Comenzaban a faltarle a la noche habanera. Mientras sus amigos se iban viendo en un trazado más nítido y adquirían precisión sus figuras, él se iba desvaneciendo... Hubiera querido Jenofonte oírle alguna consideración acerca del pintor David, pues suponía que Aristarco conocía el tema, y lo sabía capaz de pronunciar una disertación consagrada al neoclasicismo en la pintura francesa... Seguro recordaría haber visto algunos cuadros de David. ¿Acaso no había visitado el Louvre? Estaba casi seguro de que lo había visitado y de que tuvo —inevitablemente— que detenerse ante el retrato de *Madame Récamier*. ¿Quién, y menos Aristarco Valdés, podía pasar de largo por delante de esa joya impar? Claro, acorde con su afán de aguar la pasión que los demás sentían, afirmaría haberse detenido sólo un minuto, para echar un vistazo indiferente, y seguir caminando en busca de la Olimpia, ante el que valía realmente la pena demorarse.

El Aguafiestas, casi esfumado, nada dijo.

Llegó un momento en que todo fue insatisfacción para Jenofonte. Se sentía incompleto, extraviado. Regresaba la sensación de estar perdido que lo acometiera cuando comenzó a hablar. Cuanto se relacionaba con el acto de expresarse, resultaba angustioso, dejándolo anhelante, insatisfecho. Sentía que luchar con las palabras era luchar con materia adversa y, a ratos, perversa. Mientras sus dedos se hundían y reaparecían en su barba, de un rubio extraño, le parecía tener delante, pero de unos ojos que no distinguían correctamente, lo que intentaba manifestar. Más que delante de esos ojos ineficaces, al alcance de la lengua, y la materia, pez saltador en un mar revuelto, se escapaba para regresar al cabo como haciéndole burlas o diciendo muy grave: "¡Cógela, que se te va!" Y lo terrible era que la tal materia indócil constituía parte de su persona, y anhelaba también ser expresada.

¿Dónde se había extraviado?

Culpable, la misteriosa primera vez en que se encontró con el retrato de *Madame Récamier*. Primera vez que existía y a la vez no existía. ¿Qué existencia podía tener si resultaba imposible aislarla, fijar una fecha, descubrirle un lugar? Sin embargo, según ya dijo, existía. Quizá en el limbo de su memoria, en la *oscura pradera* que convida sin previo aviso, convida de pronto a recorrerla. No obstante, lo que no puedo registrar, apenas existe. O posee una forma distinta de existir. Y abandono esta pradera porque voy a caer tendido, enredado en su yerba impalpable, entre mudos restos y el caballo de palo de la niñez.

¿Cómo comprobó que había existido esa primera vez?

Facilito y lógico, mis sociales. Hubo un segundo encuentro con el retrato de Julieta. Perdonen la confianza. En momentos de desamparo y también de júbilo, suelo llamarla por su nombre de pila. En tales momentos era Julieta, y a veces hasta Julita. El nombre lo supo después, advirtió. No vayan a cogerme en contradicción. Como el retrato, a partir de este segundo encuentro, se quedó en mí, es fácil suponer que hubo un encuentro anterior. Cuando lo volví a ver le dije con entera franqueza y sin brujería: "Yo te conozco a ti." Fue de las cosas más raras que ocurrieron a Jenofonte y de las más raras que pronunciara en su vida. ¿Conocer lo que no se sabía dónde ni en qué minuto se había conocido? Así fue, mis sociales, más mudos que una piedra muda.

¿Será que, aunque yo no lo quiera, soy también un platónico y lo vi en el cielo de los arquetipos? Una sonrisa equívoca se expandió en su boca.

Vieron que dejaba de acariciarse la barba y dejaron de oírlo. Pareció aspirar el olor desmayado de la noche avanzada. La bahía, detrás del Templete, era una masa de líquido opaco. Sobre la copa de los árboles se cernía la brisa: temblaban sus ramas con cierta levedad consumida. Jenofonte tuvo una vacilación. ¿Debería continuar contando su historia? La relación con el retrato constituía una porción secreta de su vida. De manera singular y por largo tiempo había tenido lo que él mismo llamara "trato". ¿Revelaría a sus amigos las formas de ese trato? Con el retrato de la Récamier iba a muchas partes y en muchas partes lo veía. ¿Cómo podrían ellos entenderlo o ser capaces de admitirlo? Vaciló. Temeroso sin embargo de que creyeran que su maquinaria lingual se negaba a obedecerlo y en su garganta tenía estrangulada la voz —tal vez por eso, pensó de repente, se mantenían sin despegar los labios, para que la mudez general prefigurara burlonamente la suya propia—, luchó contra su vacilación y consiguió vencerla. Costara lo que costara, decidió seguir hasta el final.

Vamos al segundo encuentro.

Después de terminar en mi trabajo, andaba por la calle Obispo. Andaba entre la gente, por la hormigueante ciudad vieja. Sin aburrirse andaba, sin predisposición alguna. Hacía un sol espléndido. Tórrido. Como quieran, de sobra conocen ya el sol. Mencionar el sol en la mitad de la noche es casi un grotesco atentado a la oscuridad, pero así era, y quiero ser verídico. Es cierto que suele emborronar las cosas, poner demasiada blancura. Restregarse contra los vidrios y dejarlo a uno medio cegato. No obstante, si hay hijos de la noche, como podría decir el Aguafiestas, los hay de la tarde y de la mañana. Él era hijo de la luz solar. De la mañana y de la tarde. Aquella tarde el sol me tenía dorado por dentro. Si alguien pudiera verlo se asombraría de la luminosidad de sus huesos. Pleno de vitalidad y alegría, andaba despeinado, con la camisa al viento. Al viento no, a la luz. Era la luz quien se la movía. Hay días en que el cuerpo está de fiesta. Y, mis sociales, ése era uno.

Su cuerpo —presente absoluto—, sano, enérgico, no se negaba ni se oponía a nada. Andaba conmigo igual que un perro fiel. Era un momento de amor, y quizá ésta fue su única predisposición. Danzante, la luz cegadora se metía en la carne como un rayo láser. Todo se convertía en danza erótica, y lo dejaba levemente excitado. Los hijos de la noche requieren de las sombras, yo no. Existe armonía entre mi cuerpo y la luz, se entienden perfectamente. La luz me estimula, ¿y la estimulo yo? Vaya, mis sociales, no hay respuesta.

Al llegar a la biblioteca se detuvo. Se acercó a sus grandes paredes de vidrieras, vio su reflejo en los cristales y puso los dedos. Puso sus dedos encima de su barba. Trazó una cruz sobre su cara. Dio unos golpecitos con los nudillos. Luego empujó la puerta y entró. Eran las cinco: había pocos lectores. Me acogió el frío del aire acondicionado. El calor de mi cuerpo se enfrentó con el frío del aparato. El frío lanzaba una oleada y mi cuerpo respondía con otra oleada. Así estuvieron un rato, ambos empecinados, hasta que hicieron las paces. Él sintió menos calor, y el aire acondicionado consintió en tragarse las oleadas de la carne de Jenofonte.

No entré porque afuera me aburriera, ni porque quería evadirme de la ciudad ni de su bulla. Ni siquiera entré para leer. Carecía de deseos precisos. Entró por pura plétora, por sobreabundancia de energía. Nada estaba definido en mí, aparte de la plenitud del momento. Dio una vuelta por el salón de lectura, pasó la yema de los dedos por la superficie pulida de las mesas. Entró en el salón donde se encontraban los libros de referencia, cogió un diccionario de un estante, se sentó y empezó a hojearlo. Terminó enfrascándose en su lectura. Me gusta leer diccionarios. Los abro como si fueran una novela. Su lectura parece un paseo por las cosas del mundo. Ensayo, ensebar, ensenada, enseña, enseñanza... Vienen después ensillar y el dibujo de un caballito. Agregó luego, con su manera peculiar de conversar, que tenía el complejo del diccionario, algunos dirán que a causa de faltarme las palabras. No iniciaba su lectura por la primera letra del alfabeto, sino por cualquier lugar, sin orden. Deliciosamente al azar de las páginas. Una vez cumplido el azar, seguía en orden, porque hacerlo le propiciaba otro placer. Voy descifrando el mundo, el misterio del mundo, que reside en las palabras. Bueno, déjenme aclarar la cosa. Como en una cajita, en cada palabra va una partícula del misterio. Y qué placer superior, exclamó Jenofonte, al de ir paso a paso, columna a columna, recostándose en la definición de cada palabra. Saber de dónde procede y hasta dónde llega. Quien agrega palabras a su mente ¿no agrega sabiduría? Con aire equívoco lo vieron sonreír. Sé que en el acto de nombrar persisten la casualidad y el capricho, que hay pobre reflexión, casi ningún cálculo. Pero cuando conocía una palabra, su significado y sus límites, sentía reducido el temor. Su temor a lo desconocido y al vacío, a quedarse solo, sin palabras. Quedarse sin palabras se asemejaba a la pérdida de la memoria: una vasta extensión innominada, sin un arbolito ni una cerca. En La Torre de Marfil hubo de decirlo Aristarco: el ba, ba, ba, y en vez de palabras, saliva puchereando de la boca.

Cerró el diccionario y echó a andar hacia el fondo de la biblioteca. Iba cargado de palabras cuando entró en la sala de arte. Mirar libros de pintura era otra de sus diversiones, y prometió no extenderse sobre ella. Sólo que, mis sociales, me sirve de consuelo y compensación. Un simple cambalache: reproducciones por originales. Originales que tal vez, y sin desanimarme, nunca veré.

Este "no veré" tiene su prosapia cubana: a Julián del Casal le pasó lo mismo: nunca se empató con los originales de Gustave Moreau. Nunca vio al tetrarca Herodes, a la bella Salomé, ni el loto blanco de pistilos de oro. El habanerito los soñó, lo mejor que pudo, tras ver las malas reproducciones de su época, y escribió versos —¿sonetos, no?— hermosos y precisos, consagrados a lo que nunca había podido ver en el original. Fue un amor por reminiscencia, típico amor a lo que no puede tocarse. Ni verse de cerca. Soltó un suspiro ambiguo: a los amigos pareció un lamento estrangulado. Repitió que no se extendería. Que no lo acusaran de bullanguero y disperso. Solía venirle de cuando en cuando un impulso soberano: su lengua se lanzaba contra la materia indócil y le daba un lengüetazo organizativo.

En un libro de pintura francesa, *súbitamente*, como todo lo que con el tiempo se volvía importante en su vida, apareció el retrato. De pronto, como todo lo que para él resultaba decisivo. No buscaba ni quería nada: pasaba las hojas. Ni siquiera se inclinaba para leer el título de los cuadros ni el nombre de los pintores. Pasaba las hojas, pasaba, y de pronto, sin contar con el ritmo pausado de las cosas, en un instante que creyó le habían dedicado, surgió Julieta

Récamier. Terminó el pasar: las hojas se inmovilizaron: sus dedos, como si fueran cómplices propiciadores, dejaron quietas las páginas. Las ilustraciones del libro no eran buenas y había muy pocas en color: el retrato de *Madame Récamier* estaba reproducido en blanco y negro. Contra el manchón oscuro del resto del cuadro, se veía toda blanca. Y eso fue sorprendente, en este segundo encuentro: aquel cuerpo blanquecino, refulgente la carne, muy actual y a la vez un tanto incorpóreo, reclinado en el diván, en ese mueble en el que pueden subirse las piernas y el cuerpo queda recostado en su totalidad. Ella era la perfecta manifestación del tipo reclinado. A Jenofonte le faltaba subir las piernas. Le faltaba el diván, el canapé, la *cline*. Sólo tenía columnas, paredes, el marco de las puertas, el bate de pelotero de su niñez. Julieta Récamier, erguida la hermosa cabeza plagada de rizos, en medio de las tinieblas de la reproducción, lo miraba, lo miraba a él solamente. Se había cumplido, no le cabía duda al abandonar la biblioteca casi arrastrando los ojos, su deseo de conocer sin información cartografiada y pasada en limpio. De nuevo en la calle Obispo pensó que se trataba de un auténtico encuentro: ninguno de los dos había mostrado sus cartas de presentación.

12

Entonces comenzó "su trato" con el cuadro.

Esa noche, al final de una conversación con el Aguafiestas que lo dejó agotado y a la vez inquieto, en el transcurso de la cual no se arriesgó sin embargo a mencionar el segundo encuentro, la Récamier le hizo su primera visita. Llegó sin carruaje y entró sin llamar a la puerta. Estaba descalza, recogido el pelo rizado con una cinta en la frente, un largo traje blanco casi traslúcido, similar —¿o era acaso el mismo?— al que acostumbraba llevar en los salones del ochocientos. Lo visitó en su propio cuarto. No se negó a entrar y a sentarse en su cama, a acostarse a su lado. Sólo faltó un detalle: no pudo verle el color de los ojos. Ignoraba, en esa primera visita, el dato.

Jenofonte notó que sus amigos, refugiados en el banco de piedra, cuando la luna empezaba a declinar, y quizá el propio Aguafiestas recostado en su árbol inefable, estaban asombrados. Seguían mudos, pero asombrados. Tal reacción, en seres que se preciaban de estar de vuelta en todo, le causó placer. Si no era diestra, algún atractivo tendría el farfullar de su lengua.

Realmente, ¿de qué estaban asombrados?

Mis sociales, ¿no era una visita? Una visita tan inesperada como el toque en la puerta avanzada la noche. *En vano toca en la puerta / quien no ha llamado en el alma*, dice un donaire de Lope de Vega. Ella había llamado en su alma aquella tarde inesperada en la Biblioteca. Podía, lo que no sospechó el señor De Vega, entrar sin tocar en la puerta. Jenofonte sabía de antemano que no responderían. No machaco, sociales nocturnos, déjenlo pasar por delante de sus bocas mudas.

Aún no se decidía, durante la primera visita, a llamarla Julieta. O tal vez, al contar su relación con ella, se sentía inseguro: ¿conocía su nombre de pila o lo averiguó después, cuando no pudo verla más en la Biblioteca de Obispo? Esa noche en su cuarto apenas hablaron. Aunque ella había llegado, Jenofonte creía (o sospechaba) que no lo había hecho con exactitud. Debía explicarse un poco. Lo miraban tan sorprendidos, que se aventuró en una breve explicación. La imagen resultó impura e imprecisa, pero como fue muy fuerte su emoción, supo que era ella quien llegaba. Más bien se parecía a la primera Récamier, la del encuentro olvidado. Luego descubrió, al regresar a la Biblioteca, la inexactitud de ciertos rasgos. La visita había sido corta. Pronto la Récamier desapareció de la habitación. No hubo entre ellos despedida ni promesa de volver a encontrarse. Jenofonte se sintió manotear en la cama, en la oscuridad, intentando retenerla. Fue en vano. Como había llegado, sin carruaje ni ruido alguno, se marchó. Ni dejar quiso la cinta.

A la tarde siguiente, Jenofonte volvió a la Biblioteca. Ya estaba inscrito, tenía carné de lector y entró rápidamente. Cruzó varias salas sin detenerse. Llegó a la de arte y sacó el libro de pintura francesa. No cabía duda: la visitante nocturna era la Récamier, aunque no idéntica a la del retrato. En la borrosa reproducción no distinguía en detalle la boca ni las cejas. ¿Y cómo eran la boca y las cejas de la visitante? Tampoco estaba seguro. Notaba diferencias. Donde no había percibido con claridad en la reproducción la tarde anterior, inventó un labio inferior abundante, el superior delgado y de "corazón", según su padre calificaba el de una amiga, "boquita de corazón", siempre muy maquillada, el corazón como un fulgor rojo, una amiga de su padre que atraía a Jenofonte cuando era muchacho. Con las cejas hizo algo semejante: como en la reproducción apenas se veían, las inventó largas, afinadas. Los ojos, en aquella aparición primera, se quedaron sin color. Pensó qué, tras el momento de la despedida, hubiera debido dibujarla en un papel, como se le había aparecido esa noche. Y se propuso en adelante, antes de acostarse, colocar cerca papel y lápiz. El hombre, tan inventor, dijo de repente a sus amigos, no ha sabido sin embargo construir todavía un aparato sofisticado que pueda retener sus imágenes, estamparlas en una hoja, conservarlas para siempre en *display*. Había oído que un aparato para ciegos reproducía en la mente, a partir de vibraciones sensoriales, los contornos del objeto que se hallaba delante de las pupilas sin luz. Quizá no recuerdo correctamente, pero el invento es algo parecido. Para nosotros, no hay aparato ninguno.

La Récamier no volvió a visitarlo.

Las tardes en la Biblioteca se hicieron cada vez más frecuentes, más largo el lapso que pasaba con el libro de pintura francesa. Llegó a despertar la curiosidad de la bibliotecaria que atendía la sala. Ella también estaba, mis sociales, un poco asombrada. Cada tarde el mismo libro, la misma página. La Biblioteca no poseía ninguno dedicado exclusivamente a la pintura de David ni otro sobre pintura francesa con mejores ilustraciones. Jenofonte estaba condenado a pedir el mismo, y a luchar, armado de lupa, con una reproducción en blanco y negro.

Cuando llegó con la lupa, la curiosidad de la bibliotecaria subió de punto. Entonces Jenofonte se esforzó en disimular. Pasaba las páginas sin detenerse, como si el retrato no existiera. Las pasaba de la manera más evidente y aparatosa. Se levantaba, tomaba del estante alguna obra de consulta o llenaba varias boletas pidiendo otros libros. Góticos, flamencos, renacentistas, inundaron su mesa. Hubo tardes —fingidamente— dedicadas a Goya o al impresionismo, a Corot y a paisajistas de Barbizón, a Monet o Velázquez. Con frecuencia se distraía, quedaba conmovido ante un desnudo de Tiziano, absorto ante la triste camarera del bar del *Folies-Bergère*, con sus dos rosas en un vaso. Pero conservaba su apasionado entusiasmo para el retrato de la Récamier. Y pese a su propósito de disimular, despistando a la bibliotecaria, el tomo de pintura francesa aparecía —invariablemente— entre sus pedidos. A menudo lo solicitaba apenas llegaba, ciertos días al final, antes de irse. Sus estratagemas no obstante resultaban vanas: la bibliotecaria dejó de colocar el volumen en su lugar correspondiente, y apenas lo veía entrar en la sala, se lo entregaba, sin que tuviera que llenar la boleta. Como no percibía si era burla o complicidad, empecé a molestarme. Sentía que me estaba manoseando el secreto. La muchacha se entrometía, olfateaba nuestro trato, sin poder descubrir, al menos hasta donde yo pudiera darme cuenta, la página en que tanto me detenía. Cuando se acercaba la curiosa, y solía hacerlo con pies de gata, cerraba el libro de un tirón o me despedía de la Récamier pasando rápido la página. Detrás venía otro retrato de David, *Madame de Verninac*, pintado un año antes que el de Julieta, y nada me decía. Ni seña ni susurro. Esa *Madame* gorda estaba demasiado sentada, demasiado derecha. Cuando se alejaba de nuevo la bibliotecaria, regresaba Jenofonte al retrato y saludaba a la Récamier: le daba las buenas tardes como si hubieran vuelto a encontrarse.

Al parecer, una de esas tardes, la bibliotecaria no pudo reprimir su curiosidad, o la venció su afán de referencista, el Jefo observó con tono equívoco, y parándose al pie de su mesa le preguntó si hacía alguna investigación, aparentemente muy profunda, en las artes visuales. Investigo mi corazón, fue la respuesta de Jenofonte, y la muchacha no volvió a preguntarle. Ocupó su asiento de lo más modosita. Pero, desde esa respuesta, comenzó a mirarlo como se mira a un vesánico, o a esos locos pacíficos, frecuentadores de bibliotecas públicas, que en pequeños papeles copian enciclopedias, y de pronto, hurgándose en la nariz, caen en éxtasis o se quedan dormidos sobre un tomo de la Espasa. Pero no sólo la bibliotecaria lo miraba: no perdía ocasión de vigilarlo y revisar cada libro que devolvía.

¿Habría adivinado alguna de sus intenciones?

Dos tuve. Una criminal, boba la otra. Les cuento la criminal. Ya dijo Filonús que no manejo el suspenso. Por eso, la criminal va con antelación a la boba, cuando debía ser al revés, para dar un buen golpe de efecto. Empecé a ir con cuchillas a la Biblioteca. Cuchillas de afeitar. Las llevaba escondidas en la camisa y, durante varias visitas, las colocó debajo del retrato. Muchas veces estuvo tentado de cortar la página y robarse a Julieta. No importaba que fuera en blanco y negro, con tal de que estuviera en su cuarto. La siguiente visita nocturna, si llegaba a ocurrir, podía demorarse. Y quizá la reproducción, puesta en su mesa de noche, cercana a su cabeza de durmiente, conseguiría propiciarla, conjurar la visita. Pero no se decidió. Temía ser sorprendido por la implacable bibliotecaria, que lo expulsaran de la sala y no pudiera volver a encontrarse con Julieta.

Pasé a la bobería: cambié la cuchilla por el papel de seda. Aplicó la hoja y pareció descender sobre el retrato una neblina londinense, pero intentó copiarlo. Recordó que de muchacho, cuando no podía tener ciertas cosas, utilizaba papel de China. ¿Acaso, al presente, podía tener a Julieta? Levantó la copia y se avergonzó. No por falta de destreza y esmero, era hábil de mano y, escapando del espionaje de la bibliotecaria, la había copiado con tiempo, sino porque la vio tan desvaída en la copia, que se sintió desalentado. De niño podía conformarse con estas sustituciones. De grandulón, según la expresión de Licino, imposible. Pensó, además, que su pasión reducía a risa la triste copia. Y sin embargo, mis sociales, abrí una billetera nueva, comprada con ese fin, y me fui agitado de la Biblioteca. Esperen: conté mal la cosa. La billetera no la abrí dentro de la Biblioteca ni tampoco delante, por supuesto, de aquellos ojos de buitre, sino en plena calle. Julieta salió de la sala en el bolsillo de mi camisa, dobladita y todo. Sobre mi corazón, bien escondida. Ya en la calle, entró en la billetera, con olor a cuero insobornable. No me servía de mucho, pero en la tristeza o en el júbilo de la cabrona vida, en momentos topes como verán, abría la billetera y sacaba a Julieta. Me fortalecía o multiplicaba la dicha. ¿Qué más se puede pedir a un papel de seda? La pobre: llegó a ponerse bastante ajadita.

En verdad, era mucho más. A veces despierto en la cama, por la mañana o antes de dormirse en la noche, otras veces recostado en la columna de un portal, se preguntaba qué sentía por el retrato. O más exactamente, por la mujer del retrato. Pese a la mala reproducción, su belleza se insinuaba en su alma, tocaba en su alma, sin pedir permiso. De manera casi insidiosa, se volvía necesaria. Compartía con ella —recuerdo o imagen borrosa en un libro, y por una sola vez, hasta ahora, visita de medianoche—, compartía momentos de su propia existencia. Se daba perfectamente cuenta de que si la Récamier viviese, y él pudiera estar cerca, abolir las diferencias sociales, la amaría. Quizá la amaría en contra de esas diferencias y pese a ellas.

Con el curso de los días este nexo inusitado se fue haciendo más evidente. La Récamier llegó a protagonizar anhelos nocturnos, a ser su interlocutora cuando hablaba solo, trazando planes. El porte airoso de su cabeza, la mirada imperiosa y la firmeza inesperada de su postura en el diván, lo acompañaban. Hacía un rato lo dijo a sus amigos: con una imagen pintada, hasta con cualquier objeto, puede establecerse una relación estrecha, y más activa, que con una persona. Ella también, la Récamier —lo que constituía otro factor en la suma total— pertenecía a su tipo: estaba en su diván romano magníficamente reclinada.

Solía con frecuencia, si andaba al aire libre, si vagaba sano y vigoroso a orillas del Almendares, que lo sobresaltara un recuerdo, estremeciéndolo: Julieta Récamier ya se hallaba en la tumba, no reclinada, sino perfectamente acostada, rota su cautivante belleza, la boca cerrada por la tierra. El retrato que contemplaba era el retrato de una muerta.

Sin embargo, él parecía trasmitirle una vida secreta que, a la vez, ella sugería desde su retrato, vida parecida a la que sus amigos intercambiaban entre sí. ¿No ocurría con la Récamier un poco lo que ocurría con el Aguafiestas? Si lo invocaban por las calles y lugares, Aristarco lanzaba uno de sus chiflidos inopinados, se asomaba por detrás de alguna columna, oían súbitamente sus carcajadas oceánicas. Cuando Jenofonte invocaba a la Récamier, ésta parecía salir del retrato. Salir no era la palabra exacta, rectificó con urgencia, pero no la encontraba. ¿Acaso las había exactas?

¿No tendían un rodeo? Las evasivas, resbalosas palabras otra vez culebreándole delante. Hacía poco que había dicho intercambiar, y bien sabían ellos que tampoco era la precisa. *Le mot juste*, diría el Aguafiestas, de no estar tan callado. Intercambiar olía a comercio, a venduta de chinos. Si dijera que Julieta desde su *cline* esparcía un hálito, estaría más cercano a lo que ocurría. Hálito que llegaba hasta él, y entonces, a su vez, Jenofonte se lo devolvía duplicado. Él era realmente —¿realmente?— quien vivía. Podía entregarle su sangre, su energía, hasta su semen. Pero ella era quien conjuraba, desde la sombra iluminada de la pintura, esa entrega. Igual que con sus amigos: se contaminaban. En las conversaciones en las que nada era concertado, sino espontáneo y fluyente, y cada uno se dirigía derecho a su interlocutor, provocando una respuesta imprevista, flotaba algo que se pasaban unos a otros, aunque disintieran. Y por lo mismo, por disentir, las ideas contrarias (e igualmente las personas) se iban transformando en semejantes, y las semejantes en contrarias, como si los extremos se atrajeran, llegando a trocarse. Pasarse, pasarse, repitió Jenofonte. Eso ocurría con ellos y con la Récamier, con diversas cosas en la vida. En ese trocarse había una nueva existencia, un ser frente a otro, pasándose: existiendo en una zona diferente, más allá de la persona individual, más acá de la colectiva, en el filo de la navaja. Él conversaba con el retrato, y ocurría: entre los dos se tendía un arco voltaico, un pasaje invisible, pero muy real. Entre los dos. En ese *entre* estaba lo esencial. Tras esto, ¿había muerto Julieta del todo? El pintor David, al observarla en vida, en medio de su salón y escorada sobre su *cline*, ¿le había infundido una porción perenne, despertable de nuevo? Su cuerpo pintado parecía rencarnar, al igual que rencarnaba el Aguafiestas entre ellos. Y en ciertas mujeres descubría, pese a que esto era ya pesadilla y trasiego con la muerte, que reaparecían partes de Julieta Récamier.

13

¿Por qué no te la llevas?

Jenofonte se estremeció.

Oh, mis sociales: no era yo. Era el viejo. Se sentaba a veces a mi mesa, yo a veces me sentaba a la suya. Nunca habíamos hablado. "Buenas tardes" y "con su permiso" era todo el hablar de nosotros. Y de pronto me disparó la pregunta, parado al pie de mi silla. El muy bicho miraba también el retrato. ¿Cuándo este viejo, que ni sacaba la vista de sus libros, me descubrió? Cuándo. Les juro que nunca me lo figuré. Llévatela, muchacho, volvió a decirme. A decir no, a apurarme, sonriente, malicioso, malicia de viejo entendido en la materia. Cuándo se fijó. Cuándo. Trajeado de negro, en frío lo mismo que en calor, en lluvia que en seca, cubiertos los ojos con lentes gruesos. Pero de lo cerca que estaba al fin se los vi: eran de lechuza. Quise cerrar el libro, y lo evitó: metió el dedo y un lápiz, deteniendo la página. No lo haga, joven. Déjemela vivir. Es la única que me falta.

Les juro que sentí ganas de sonarle un piñazo. Cerré el puño y todo. Estaba tan sonreído, y yo estaba tan encabronado. Me quitaba algo mío. Yo no podía ser, ni nadie me figuro, marido o amante de la imagen pintada de una muerta, que tan sólo en ciertos momentos me parecía revivir, y sin embargo sentí celos, unos celos tremendamente extraños. ¿Por qué este carcamal tenía que meter sus sucios ojos en el retrato, en *mi* retrato? Ni siquiera la bibliotecaria, con lo mirona que era, se había atrevido a tanto. ¿Y qué significaba eso de la única que le faltaba?

Entonces, quitándose los espejuelos, el viejo se sentó junto a Jenofonte. Lo hizo sin ruido, igual que una sombra. En medio de su furia, Jenofonte oyó que el viejo había visto las cuchillas y descubierto la copia en papel de China. Ninguno de estos subterfugios, fue su palabra, servían para llevársela. No había que cortarla, ni despegarla ni copiarla. Pierde el tiempo, joven. Aunque noto que tiene tiempo de sobra que perder. Él se las llevaba sin cuchillas ni copias. A las mujeres reales y a las pintadas.

Salía todas las tardes. Vigilaba a la puerta de los cines, entraba en tiendas y cafeterías, se sentaba en los parques. Cuando una me conquista, porque son ellas las que me conquistan, la sigo y la persigo. Con mucha prudencia. No aspiro a que se enteren, por el contrario, aspiro a que lo ignoren. Aspiraba a una conquista muda e impune. Así gozaba doblemente. Lo mío es mirar. La vista es un don portentoso. La maravilla de las maravillas. ¿Se da cuenta del privilegio que es mirar? Presente celeste. ¿Cómo podría, joven, disfrutar de la belleza de ese retrato? El mundo solamente es figura. Se hizo para los ojos. Hasta el aire mismo tiene cuerpo. He gastado la vista en mirar la hermosura del mundo. Y no me importa haberla gastado. Se puso los espejuelos. Jenofonte, desconcertado y todavía furioso, alcanzó a ver nuevamente sus ojos saltones, redondos como los de un ave de presa, antes de que desaparecieran tras los gruesos cristales. El viejo repitió su consigna: lo mío es mirar. Mirarla completa y en detalles. Pelo, cara, nalgas. Seguirla en cada parte del cuerpo. Verla caminar. No existe nada como ver caminar a una mujer, y sin que lo sepa. Quiero que mis ojos prueben las cosas, como opinaba mi amigo Montaigne.

Lanzó una carcajada, que reprimió en el acto. Jenofonte notó que tenía la mano avejentada, sarmentosa. Ambos miraron a la bibliotecaria. Con aparente tranquilidad, se limaba las uñas. Ésa no sirve, el viejo aclaró de inmediato. Jamás se descuida. Él buscaba a las que iban olvidadas de sí mismas y se entregaban al ritmo natural del cuerpo. Sin darse cuenta lo dejan desarrollarse: eran cuerpo nada más. Tal abandono lo cautivaba. Van libres, sin sujeción ni reglas. Ni un prejuicio alienta en ese paso. Cuando descubría tal entrega, marchaba detrás como un avaro contando su tesoro: golpe de cadera, nalgas paraditas... Conmigo nada de nalgas ni tetas caídas. Eso para quienes padecen alguna melancolía recóndita o afición enfermiza por la tierra. Las que tienen mucho, tampoco. Esa abundancia no me conquista.

Jenofonte no debía pensar que trataba de descubrir (o inventarse) sus vidas personales y problemas domésticos, que se proponía seguirlas hasta sus casas para establecer relaciones románticas y novelescas. No, joven. Yo solamente las miro. Son sus cuerpos lo que adoro, no sus almas. El alma se la dejo a los curas y a los siquiatras. Además, nunca repetía. Tras llevarse a una mujer, si volvía a encontrarse con ella, la ignoraba. No repito ni las reales ni las pintadas. La floresta es interminable. Demasiadas me conquistan, inocentes, como si fueran niñas, para repetir.

Iba tras ellas, y de pronto delante. Cuando alguna lo conquistaba, le permitía pasar, fingiendo que observaba una reja, una puerta antigua, y luego marchaba detrás. Hacía diversas escaramuzas, se adelantaba o atrasaba según sus cálculos, se paraba en la esquina. Se detenía de repente a marcar un número cualquiera en un teléfono público: la nuca contra la pared, de medio perfil, utilizando como pretexto el auricular en la mano, podía gozar impunemente de la conquistadora. En el interior de una tienda, recorría el pasillo entre mostradores buscando un encuentro fortuito, siempre a cierta distancia. Con ninguna tropezaba, ni se proponía el roce más leve. Procuraba en las cafeterías ocupar en la barra el asiento de enfrente. Parecía extasiado con la carta, y era la mujer quien lo extasiaba. Salvo algún error de cálculo, nunca permitía a sus ojos tropezar con los de la mujer. Cada cierto tiempo un estremecimiento extraordinario hacía vibrar su viejo cuerpo.

Durante esas tardes se producían dos momentos supremos. En cada uno su goce alcanzaba la máxima saturación. En las vidrieras se cumplía uno de ellos, el otro en los parques. Parado ante una vidriera, aparentando que contemplaba alguna cosa expuesta, esperaba que se aproximara. Qué gusto verla inclinarse, dejándome mirar parte del seno. Sorprender el brillo de sus pupilas, la boca abiertica, a punto de la salivación, ante la presencia de una tela o de un perfume, completamente olvidada, sin cuidarse de su persona. Él calculaba la dimensión del talle, tenía la impresión de tomarlo entre sus dedos, aunque estuvieran escondidos en los bolsillos de su negro pantalón, y percibir el temblor emocionado ante los objetos, poquitos en realidad. Esta escasez encierra cierta ventaja para mí: encontrar un creyón labial, un estuchito de rímel se convierte en fiebre, en hecho agitado. Tenso se pone el cuerpo, y repentino suelta un resorte escondido: brillan mucho las pupilas y los pies parecen precipitarse... Y ese avanzar, en el preciso minuto anterior en que cruzaba la calle, ese avanzar hacia la vidriera entre el relumbre de los cristales, que duplican el cuerpo y parecen relucir en la carne y en el pelo... Tiemblo si se paran a mi lado y juntos miramos la vidriera de la tienda, tiemblo.

Era el otro momento el de los parques. Cuántos goces inenarrables en ese parquecito de Galiano con nombre de mujer. Inenarrables, joven. Jenofonte pensó en el decir del Aguafiestas asegurando que el habla convertía a la fiera en hombre. Y este viejo se refería a estados inenarrables. También él los había sentido, ¿pero qué testimonio valedero podía ofrecer una lengua tortuosa como la suya? El viejo enlutado pareció adivinar su pensamiento, y se detuvo. La palabra inenarrable permaneció posada en sus labios resecos. Con la punta de las uñas, en las que Jenofonte tuvo la impresión de encontrar ojos en cada una, la extrajo como se aparta una hilacha de picadura. ¿Inenarrables...? La palabra semejaba un creyón labial en sus dedos.

¿Inenarrables...? Claro, joven. O, si lo prefiere, oscuro. Supongo que conocerá la importancia del lenguaje. Hablamos para poseer lo que pensamos, y hasta lo que hemos realizado. Poseemos la acción cuando la contamos, y hasta los sueños, si no se pierden y se apagan. La lengua nos redime del silencio y de las tinieblas.

Pero también, dijo a continuación, existían estados innominados, que suelen ser ajenos a la palabra. O si quería, ésta no los puede apresar. Con frecuencia sentía esos estados, tan ásperos y emocionantes a la vez. Casi nulo era el auxilio de un pobre sistema gutural de ruidos y de gritos. Se quedaban en una zona innominada. Después, pasada la emoción, la lengua podía extraer alguna simple hebra y, al darle forma, esclarecerla.

Volviendo a su relato interrumpido, relato que Jenofonte ni siquiera había pedido que le hiciera, repitió "goces inenarrables" y agregó "siempre al final de la tarde". Ellas han terminado de comprar, hacen la cola para conseguir un taxi, y se sientan un rato a descansar. Descansan en un banco. Colocan los paquetes en sus piernas, o pegados a sus muslos. Entonces alguna lo conquista. Paseaba contemplativo: los árboles, el cielo, cuando siente la flecha. Se detiene, abandona el fingir contemplativo, busca un banco cercano y enfrentado. Se sienta y abre el libro con el cual paseaba: *Crítica de la razón pura* de Kant. En ese instante, a través de la luz final del día, adquiere la carne una ternura tibia, un delicado brillo, en deliciosa divergencia con el momento de la vidriera. No tengo de la tarde el concepto y la sensación de la gente y los poetas habituales. Me figuro que si conoce de poesía, sabrá de lo que estoy hablando. Para muchos poetas la tarde es cenicienta, melancólica, destartalada. Para mí, todo lo contrario: dichosa, repleta de claros cuerpos femeninos espléndidos. ¿Cenicienta...? ¿Destartalada...? Ceguera romántica, gente que no aprendió a mirar.

Con su *Crítica de la razón pura* delante de la cara, iban sus ojos de la metafísica trascendental al cuerpo sentado en el banco de enfrente. Como un cazador esperaba, como un espía famoso —lo que desde mi infancia quise ser—, un movimiento cualquiera de la conquistadora. Le llegó la primera irradiación cuando cruzó las piernas, se acomodó en el banco y se estiró el vestido, el vestido —felizmente— corto. Cuánto admiro la mini, y si es menos que mini, más admiro. También los trajes largos, como el que lleva la Récamier. Ocultan, y al ocultar, sugieren. Cada sugerencia es locura, reto a la fantasía. Luego, tras su regreso simulado a la razón pura kantiana, vio que descruzaba las piernas, aquellas adorables piernas palpitantes, y le llegó la segunda irradiación. La tercera fue casi inmediata: no quedaron muy juntas. Acto piadoso, generosidad cristiana. Las dejó entreabiertas y comenzó a mover suave las rodillas, rodillas perfectas, tersura infinita. Su cuerpo emitía ondas de fuego. La falda se encogía y tensaba sobre los muslos con un chasquido. Casi me llegaba el olor. Él iba llevándoselo todo. Y pronunció "llevar" como clave de cuanto quería decirle a Jenofonte. Llegué a dejar el banco vacío. Incliné la razón pura, ladeé el cuello: sólo quedaban los paquetes. Ella se encontraba dentro de mí. Regresó su olor, dulzón, canallesco. ¡Oiga, compañera! Ya le toca. Apareció su taxi. Eso gritaba un tipo desde la cola. Tan tonto, tan simplón, creyó que podía separarnos. Ella podía irse: y recogió los paquetes y se metió en el taxi, y oí el ruido vago de la partida: pero se quedaba conmigo. Yo antes me la había llevado.

Al oscurecer ponía punto final a sus caminatas y entraba en la Biblioteca. Entraba repleto de mujeres. De mujeres vivas. Aquí comienza, joven, mi relación con las pintadas. Enrojeció y los ojos se le aguaron: poco faltó para que soltara una nueva carcajada. Jenofonte recordó la risa del Aguafiestas, que atronaba el espacio, y se distinguía de la carcajada del viejo enlutado. El viejo reía sin franqueza ni espontaneidad, con la risa de un hombre que se cuida. Lo mismo que cuidaba sus miradas, cuidaba sus carcajadas. Aristarco era un enamorador, el viejo, un fugitivo. ¿Qué parecido existía entre ellos? Nuevamente la voz del viejo ocupó su atención. Cada página donde encuentro una mujer que me conquista, la dejo en blanco. Entonces, se preguntó alarmado Jenofonte, ¿recortaba y mutilaba los tomos de pintura? Recorra cada uno de los volúmenes de esta biblioteca, y de todas las bibliotecas de La Habana, y no encontrará retrato de hembra que valga la pena. En blanco, y se mojó su añeja boca como un perro sediento el hocico. Si desiertos dejo a mi paso las calles, el vestíbulo de los cines, las cafeterías, las tiendas y los bancos de los parques, desiertas dejo también las páginas de estos libros. Puramente blancas, puramente castas. Los he convertido en libros de oraciones. Camine la ciudad o pase las páginas: ninguna mujer encontrará que valga la pena. ¡Me las llevé a todas!

Quiso reír y cloqueó detrás de la mano.

Jenofonte buscó a la bibliotecaria con la vista: seguía limándose las uñas. Pero él sabía que los observaba, y que su labor de espiarlo como se espía a los locos, no había cesado. El viejo dejó de cloquear: sus manos se posaron en la mesa. ¡Me las llevé a todas!, volvió a exclamar. Y esta vez no se rió. Miró a Jenofonte con cierta lástima remota. Ni un roto ni una cortada.

Jenofonte presintió que el viejo iba a darle la explicación. Por un instante temió haberse equivocado, entender mal las viscosas palabras. ¿No era de un modo singular como el viejo se *llevaba* a las mujeres? Lo oyó repetir "ni un roto ni una cortada". Otra vez parecía adivinarle la preocupación, cuando dijo es tan simple, y tan rico, joven. Aquí me las llevo, y se apuntó a la cabeza. En ese momento fue Jenofonte quien no pudo reprimir la carcajada. Así que el viejo, tras un relato pormenorizado, no hacía otra cosa que llevárselas en la mente. Tanta historia para tan grande bobería. Resultaba infantil, como emplear papel de China o cuchillas de afeitar, y mucho menos tangible. El viejo, para asombro de Jenofonte, también rió. Los dos tuvieron que taparse la boca. No miraron a la bibliotecaria esta vez, ya no importaba: entre los dos nacía una inesperada connivencia, propiciada por la risa. Tanto esperar para tan poco, dijo Jenofonte. ¿Poco...?, preguntó el viejo, cortando la risa. Es uno de los más poderosos ejercicios de la mente humana. Hago con las mujeres lo que hace un artista con la realidad, el teólogo con Dios. Se había puesto muy serio, casi grave, solemne. No sólo es importante llevárselas, sino reconstruirlas después. En eso radicaba la segunda parte de su método. Reconstruirlas en su casa, al concluir sus caminatas de veedor. Se realizan preparativos, ritos diversos para evocarlas. Yo me desnudo y me acuesto. Comienzo a acariciarme. Primeramente las tetillas, luego iba bajando hasta los genitales. Como tengo dentro la que me ha conquistado, mis dedos la despiertan, la extraen de mi carne y la echan a andar. Mi mente se excita tanto como mi cuerpo. Viene, viene primero un muslo, después los senos, finalmente entera. No siempre muy entera, confesó de repente, sino por partes. Su mente tenía que trabajar duro para completarla. Trabajaba igual que un buzo extrayendo del fondo marino restos de un naufragio. Con frecuencia más que un buzo era una draga, en la inmensa bahía de su memoria, hurgando. Ahora la boca, luego la pelvis... Se esforzaba en completar la figura: que la mujer emergiera íntegra. Sus dedos batallaban febriles. Reanimaban su propio cuerpo, y al reanimarlo la mujer brotaba bíblicamente de su costilla: volvió a reír y a cortar la risa. Solía suceder que la mujer emergiera, pero con los ojos de una en la que apenas se había fijado en su cacería vespertina, y que se encaprichaba —la mujer o la memoria— en inmiscuirse. Se producían interferencias que calificó de "abominables" y a veces "deliciosas". El pelo perteneciente a una cabeza encima de una ajena, la trigueña convertida en rubia de ojos verdes.

Molesto se movió Jenofonte en la silla. El viejo había cogido la lupa y miraba el retrato de Julieta Récamier. Su confesión abrupta, tanto como el hecho de mirarla, nada menos que a través de la lupa, llenaban a Jenofonte de impaciente malhumor. ¿No hizo él acaso algo parecido durante la visita de la Récamier? Sin duda, mis sociales, el viejo me creía su igual, por eso se confesaba con tanta franqueza.

¿Y no lo eres?, preguntó inesperadamente Actité.

Jenofonte se quedó paralizado. Esperó sin responder, anhelante, como un animal acosado en la noche. Esperó a que ella preguntara de nuevo, la misteriosa Actité. Su voz frágil había sonado como un estampido, pero no repitió la pregunta, y Jenofonte pudo fingir no haberla oído. Que el viejo intentara franquear su intimidad, descubierto su trato con la Récamier, aumentaba su malhumor. Deseó levantarse, abandonar la Biblioteca y dejarlo con la confidencia en la boca descarada. Tenía que impedirle al viejo continuar pasándose, que el *entre* aumentara y llegara a reclamar su propia confesión. Inclinado seguía sobre el retrato, lupa en mano, en vieja y sarmentosa mano. Recordó su afirmación del principio: la Récamier era la única que le faltaba. ¿Intentaría también llevársela? Su malhumor, como si de pronto se hiciera independiente, encontró un pretexto para desfogarse y terminar con aquella situación. A su propia voz escuchó decir, con violencia contenida, que debería darse cuenta. Proponerse disimular vistiéndose de negro, con este sol. Con eso llamaba más la atención de la gente. El viejo no levantó la lupa del cuadro. Cierto, contestó sin ofenderse. Se lo admito, joven: es un fallo en mi estrategia. Pero no soy perfecto. Es hora de irme, casi gritó Jenofonte. Se levantó, le quitó el libro y la lupa. No quiero que hablemos más en la vida. Y si en la muerte se habla, tampoco. Se dirigió a la mesa de la bibliotecaria. Antes de cerrar el libro y entregarlo, miró el retrato por última vez en la tarde: temía que el viejo se hubiera llevado a Julieta y la página estuviera en blanco.

14

Tras las revelaciones del viejo, esa noche Jenofonte la esperó. La esperó desolado, nostálgico, furioso, excitado, jadeante, la esperó inútilmente. Esperarla se había vuelto su manera más estimulante de vivir, la más completa. Diría el viejo que esperarla era recomponerla, acudir a la memoria y a la fantasía, sin calma, con inquietud febril. Hasta cierto punto doloroso, esperar a una persona era tenerla delante sin tenerla. Trazarla en el espacio vacío. Convertirse en dibujante y pintor, fotógrafo sin cámara ni encuadre. Formarla con palabras, sacarla de su boca, al igual que, según oyó contar al Aguafiestas, brotaba el sueño de la boca de los antiguos. El suyo se había convertido casi en voluntario, lo que aclararía después a sus amigos. Si hablaba con ella, aunque estuviera ausente, ¿no era vivir con ella? Al abrir la billetera y contemplar su pobre copia, activamente o con la quietud de un místico, ¿no le infundía otra existencia, una existencia entre los dos?

¿Acaso la Récamier fue su Aurelia, su Nadja, su Maga? Si ella había existido, de lo que no cabía dudar, y se refería Jenofonte a su primera forma de existencia, ya estaba muerta desde hacía más de un siglo, y él no la conoció. Solamente existía, si le permitían decirlo mediante un verbo tan extraño, en una pintura y sobre una tela, contra la pared de un museo. Y hasta donde alcanzó a distinguir en la mala reproducción de la Biblioteca, sin pieza ni habitación reconocibles, apenas sin objetos, acompañada por una lámpara romana solitaria. No se le apareció, como hizo Aurelia, en medio de una reunión mundana, tendiéndole la mano en un saludo, ni en la calle, de pronto y al azar, los ojos magníficos, según hizo Nadja, y a la pregunta de quién era, dar como respuesta "soy el alma errante". O como hiciera la Maga, su silueta delgada de sudamericana inscrita en el *Pont des Arts,* detenida en el pretil de hierro, inclinada sobre el agua... Y no obstante, ausente tocaba en su alma, toque tan penetrante y persuasivo. La Récamier no faltaba, en rigor, a la cita —la Maga y Nadja concertaban citas a las que no acudían—; sencillamente, y lo que resultaba más atroz, no le había dado ninguna. Parecía desvanecida, pese a sus esfuerzos, desvanecida para siempre, como Aurelia.

¿Por qué?

Comprendió esa noche, o lo intuyó oscuramente, su insuficiencia: limitarse a mirar un retrato borroso. La lupa, que movía con mano intranquila, jamás llegaría a penetrar las oscuridades de la reproducción. La aproximaba, la alejaba, se ponía de pie, Holmes caribeño, sin importarle la vigilancia de la bibliotecaria, llegaba absurdamente a alisar la página: nada conseguiría precisar. Y esto tal vez, ignorar detalles de la estancia, acontecimientos de su vida, después lo pensó, tenían que dificultar la reaparición de la Récamier. Si la lupa aumentaba los ojos, los volvía manchas deformes sin color. ¿En qué lugar de la casa se encontraba la *cline*? Hacia allá se encaminaba el cristal de aumento: manchón general. Una vez, así lo hacía de niño con las fotografías que me intrigaban, di vuelta a la reproducción, creyendo descubrir lo que estaba detrás de Julieta. Algo parecido a verla de espaldas. Soltó en plena sala de la Biblioteca una risotada y entregó el libro. La bibliotecaria supuso, al verme sonreído, que había llegado su cuarto de hora. Seguro pensó: hoy se franquea. Todavía sonreído, planté el libro en su cara voraz y me largué mudo. Fue entonces cuando me di cuenta de lo flaca que estaba.

Prefirió mirar con los ojos. Lo que no veía, lo inventó. Ya conté un poco sobre esto. Agrego que desarrollé funciones como arquitecto y decorador: puse una ventana en el manchón del fondo y coloreé la lámpara romana de verde metálico.

Casi al amanecer dio por terminada su vigilia baldía y consiguió dormirse. Antes, y varias veces, sacudió la almohada, se levantó, caminó por el cuarto, orinó en el baño un chorro sin energía, y por última vez en esa noche contempló su torpe copia del retrato de la Récamier, bajo la luz del velador. A este intento de evocación, su padre, practicante de los ritos yorubas, lo habría llamado hacerse un despojo con el fin de atraerla. Él trató de evocarla como, y del único modo en que, hasta ese momento, sabía: mediante el uso de su cuerpo. Largo tiempo la esperó recostado en la puerta de su cuarto. Del cuarto donde ella estuviera una sola vez, sin avisar, dócil y complaciente. Desde aquel instante, no podía Jenofonte entrar sin un corto sobresalto: ¿habría vuelto? Y miraba la cama vacía, apagadas las cosas, sin brillo. Reproducir una postura que los hermanaba, aunque no fuera en un diván, en una *cline*, pero que en esencia era un estar reclinado, suponía Jenofonte que propiciaba el encuentro. Restablecía de cierto modo el nexo invisible. Y al hacerlo en la alta noche, acrecentaba la posibilidad. Como recordarían seguramente sus amigos, la única visita de la Récamier ocurrió en esa hora indecisa, tras un ligero toque, toque que sólo él podía escuchar. Para cada alma existe un toque. O para cada toque un alma, y extendió sobre los labios su equívoca sonrisa. Cuando me dormí había dado esa noche sepetecientas vueltas en la cama sudada.

Durante estas ceremonias de abandonado, sintió la tentación de llevar a la práctica la segunda parte del método preconizado por el viejo. Y no lo hice, mis sociales, incluida Actité. Cada quien piense lo que quiera o necesite pensar. Sé lo mucho que cuesta entre cubanos la franqueza.

Trabajó como un sonámbulo, deseando que llegara la tarde. De entre todas las tardes en que había acudido a la Biblioteca, ésta fue la más anhelada.

Aprensivo, molesto, entró en la sala de arte. Los orichas, que no se preocupan por mí, esta vez se preocuparon: el viejo no estaba. Y pudo recuperar su aplomo neoclásico. La desaparición del viejo enlutado podía ser casual, pero por el momento prefería hallarse en el punto de mira de la bibliotecaria, ignorante del motivo de sus visitas, y no en el del viejo, que lo había descubierto. Tal vez la incipiente relación entre ellos estaba cortada, o quizá le resultaba al viejo, como a él, igualmente molesto un nuevo encuentro con su confidente forzoso. Sin especular, mis sociales, el hecho puro: su asiento desocupado, y así varias tardes seguidas. Esas tardes providenciales las aproveché. Se me fueron volando.

Eros impuso sus exigencias, y Jenofonte inició una búsqueda ardorosa. Dejó de debatirse entre inexactitudes, vacíos e imaginaciones. La conocía poco, y pasado el pasmo, debía ponerse a averiguar. Agotado, requirió datos verídicos. En vez de mirar, saber. Que el saber se le volviera un mirar renovado. Para echar a andar su fragua, necesitaba datos. No se le escapaba que tales datos, que suponía verídicos, habían pasado por potes de pintura y pluma de escritores, y también eran, en consecuencia, un tanto ilusorios. Se trataba sin embargo de datos nuevos. Su novedad avivaría el fuego de la fragua. O de la computadora, para modernizarme, dijo el Jefo remedando una expresión del Aguafiestas.

Precisamente una frase pronunciada por Aristarco alumbró su camino. Dicha en medio de una conversación, durante la que no se mencionó a la Récamier, produjo, por una suerte de refracción posterior, una revelación en Jenofonte. La frase pertenecía a Paracelso. El Aguafiestas, que pronunciaba en latín el nombre y decía Paracelsus en un susurro misterioso, tras asimilarla, transformándola un tanto, la citaba como suya. Quien no conoce, rezaba la sentencia del médico nigromante, nada ama. Quien ama, *ve*. Y a mayor conocimiento, mayor amor.

Lo sorprendía la hora del cierre, once de la noche, con la mesa repleta de libros. La cálida semblanza escrita por Sainte-Beuve, amigo y concurrente al salón de la Abadía del Bosque, donde residía la Récamier, historias del período napoleónico y la restauración borbónica, las Memorias del vizconde de Chateaubriand, las cartas de amor —fracasado amor— que le dirigiera Benjamín Constant, ocuparon un lugar en su mesa de apasionado. La Récamier escribía poco. No le gustaba escribir. Había adquirido este disgusto temprano en su vida. Según Sainte-Beuve cuenta con cierta deliciosa ironía, tuvo la costumbre de escribir lo menos posible. Su mayor pasión, quizá la única que sufrió, era conversar. Iniciaba la conversación muy hábilmente, escogía y proponía un tema para animar, con el auxilio eficaz de su belleza legendaria, a los asiduos a su salón parisino. De su propia mano sólo se conservaban fragmentos de un diario, algunas cartas y billetes, que Jenofonte leyó con fervor. Logró, en uno de los libros consultados, ver su letra en copia fotográfica. Sentí una convulsión, un arrebato. Escritura pulcra, llena de armonía. Ninguna letra desentonaba. Nunca vi una escritura de giros tan perfectos. Diminuta, pero justa, clara. Y la besó emocionado.

Si al principio de su "trato" prefirió mirar en vez de saber, y gozó del encuentro fortuito, sin presentaciones previas, al cabo necesitaba intensificar su conocimiento. Anotaba en su libreta cada dato interesante, en el que descubría (o inventaba) algún significado que alimentara el fuego de su fragua: fechas de nacimiento y muerte, ciudades en las que había residido, edad en que casó con el rico banquero Récamier, dieciséis años solamente, matrimonio al parecer sin consumación física, partida al destierro y regreso posterior a Francia, a la caída de Napoleón. En uno de esos libros encontró un mapa de París. Buscó la calle en la que viviera Julieta, y con lápiz rojo la encerró en un círculo. Su calle, destacándose sobre un amasijo de líneas, parecía la única con que contaba la ciudad. Moviendo los dedos, Jenofonte la recorría. Para esas caminatas se valió de la lupa por última vez.

Abandonar provisionalmente la sala de arte e indagar en las restantes salas de la Biblioteca, sin tener que preocuparse de la vigilancia de la flaca inquisidora o de si el viejo se hallaba en su silla, trajo gran alivio a Jenofonte. Dejó de espiar y de sentirse espiado. No tuvo más asunto aquellas tardes que la intensidad del trabajo y de sus emociones. Me sentía como debe sentirse un desenterrador. Cada detalle que descubría tenía el sabor de la indiscreción. O mejor, mis amigos, el de una posesión indiscreta. Eso sí, inevitable: a la hora del cierre, volvía muy serio a pedir nuevamente el tomo de pintura francesa, para despedirse de Julieta Récamier. Cuando alguna corta distracción de la bibliotecaria se lo permitía, acercaba el retrato fugazmente a sus labios, con terneza cerraba las páginas y lo dejaba encima de la mesa. A la bibliotecaria indicaba al salir que lo recogiera. Ya podía hacerlo. Jamás descubriría a quién miraba y había besado.

Me toca ahora correr un riesgo, mis sociales: ser sincero. ¿Correrlo o continuar corriéndolo? Oyeron lo que pienso acerca de la honestidad. Lo peligrosa que resulta esa aventura. Debo confesarles que solía obligarme en ciertas ocasiones de páramo mental y falta de compañía, obligarme, como si eligiera el deseo. Esto lo fatigaba, dejándolo sin satisfacciones. ¿Elegir un deseo? Podía sonar estrambótico, paradójico o forzado, al gusto del consumidor, pero a menudo quería desear, y elegía a la Récamier como objeto. Otras tenía la impresión, precisa, diseñada, de que brotaba espontánea, de que la tendría delante de sus pupilas abiertas. Las cerraba entonces para probarse la eficacia de su espera, y aumentar el goce. Se convertía de verdad en algo mío, y apretaba los párpados. Esta aclaración debía a sus amigos.

Para asombro de ellos, afirmó que la reproducción empezó a parecerle menos borrosa. Se figuraba que cada nuevo dato adquirido, cuanto iba conociendo, iluminaba los negros manchones. La mujer reclinada se me estaba aclarando. ¿Cómo podía darse tal fenómeno? ¿Ella se acercaba a su tiempo o él se trasladaba al suyo? Con exactitud nunca lo supo. A fuerza de compenetrarse —¿se compenetraba ella conmigo?—, pudo ocurrir simultáneamente. Hacia el porvenir Julieta viajaba, él hacia el pasado, pero en un mismo tren y en el mismo asiento.

¿Brujería o magia negra?

Sus amigos oyeron su punzadora risa explayarse de pronto, y lo vieron sofocarla, la mano en la boca.

Cuando Jenofonte terminó su lectura del manojo de cartas que Benjamín Constant dirigiera a *madame* Récamier, se vio precisado a levantarse y a caminar por la sala, entre las mesas y los estantes. Sentía un júbilo insólito. A través de la escritura nerviosa del amante malogrado, tuvo la sensación de recuperar algo suyo, algo que le pertenecía. Durante la lectura, a pesar de que el libro era propiedad de la Biblioteca, no pudo evitar (ni se lo propuso siquiera) subrayar fragmentos, como había trazado un círculo rojo sobre el mapa de la ciudad de París o besado la reproducción fotográfica de la letra de la Récamier. Eran dos modos de posesión diferentes. Pero sólo en apariencia. En uno usaba la mano, en el otro los labios. ¿No era usar en realidad su cuerpo? Los trozos marcados en las cartas de Constant, hablaban de mí mismo. O con más rigor, hablaban de nosotros. Diez meses duró el asedio infructuoso de Constant. Diez meses en que escribió a Julieta cartas suplicantes, tiernas, sarcásticas o despiadadas, plenas de repentina ilusión o desesperanza súbita. Empezó a visitarla en su piso de la Abadía del Bosque en septiembre de 1814, catorce años después de que la pintara David. Tenía cuarenta y siete años, ella treinta y siete. En la primera de sus cartas, Jenofonte subrayó la siguiente observación, y quizá mejor y más dolorosa, confesión desolada: "Su imagen la he transportado a todas partes, a casa de Talleyrand, a casa de Beugnot, a mi propia casa." Y en la segunda, escrita horas después: "Quizá le parezca loco: pero veo su mirada, me repito sus palabras. Veo su aire de muchacha, que une a tanta gracia la mayor finura." Veo, veo, como todo el que ama, según la sentencia de Paracelsus. La transportó, la llevó consigo. ¿Te imagino o te sueño? Una cosa imaginada es siempre una cosa existente.

Jenofonte movió la ensortijada cabeza y se calló un rato. A menudo rectifico esta opinión, dijo un poco después, con una de Virgilio Piñera que más o menos dice así: hemos soñado lo suficiente para penetrar la realidad. No sé ahora en verdad si rectifico o completo la sentencia.

En la tercera carta marcó la confesión de que había huido de su "temido encanto", huido de la imagen. "Prefiero fatigarme a caballo que consumirme en mi habitación o entre un mundo al que soy extraño y sólo atina a sorprenderse de mi tristeza atribuyéndole causas triviales." Sin embargo, en el párrafo que sigue, está ya arrepentido y suplica le permita volver: "concédame un paseo, media hora de conversación." Una mujer convertida en imagen, que anula el tiempo y el espacio, puede aparecerse a cualquier hora y en cualquier parte. Una imagen que se superpone a todas las mujeres conocidas o por conocer. Ya se lo dije: calibro a las demás con la imagen de la Récamier. De la gente que amo, he sentido esto: cuando no las tengo cerca, las tengo delante.

"En el momento en que usted quiera, media hora. Se lo suplico." Y en un cambio brusco de humor, de esos cambios que padecen los que aman, en vano simula desdeñarla (o por un instante quizá la desdeña realmente): "Volverá a ser fría y despreocupada. Vuelva al reposo animado de su salón parlante, que es el que le conviene, y la engaña sobre el mal que causa. De nada la acuso, esto es una especie de muerte, y los moribundos perdonan. Usted ha querido ser buena conmigo, y le doy las gracias por su esfuerzo inútil." Necesitaba injuriarla, descargar su despecho, decirle (o escribirle) una verdad que la humillara: "Usted encanta a todo el mundo, y no puede lograr la dicha de nadie."

Al otro día se muestra arrepentido. Teme perder lo poco que se le concede: verla en su salón, sobre su diván, distante, congelada. Entonces se confiesa víctima de su seducción. Se finge resignado, extinguido el fuego de su pasión: "procuraré cambiar en dulce amistad este funesto sentimiento que me devora, y la cansa". El conquistador pone en práctica una estrategia nueva: pospone el amor, con argucias y tácticas de experimentado don Juan. Y ella, descalza, sosegada, reclinada en su *cline*, mantuvo erguida la hermosa cabeza turbadora. Él buscaba verla a solas, "lejos de la muchedumbre de amigos y contertulios", tener una hora para él. La Récamier no se lo permitió. Jenofonte marcó en una de las últimas cartas, "la desgracia de que usted no me haya amado es irreparable". Y luego la observación más misteriosa y sombría de todas las que encontró Jenofonte en estas cartas: "Estoy destinado a iluminarla consumiéndome."

Despacio repasó los párrafos elegidos, cerró el volumen y lo devolvió a la recepcionista. Entró luego en la sala de arte y solicitó —era inevitable— el tomo de pintura francesa. Se despidió de Julieta con un beso furtivo. Gozaba de esa ventaja sobre Benjamín Constant.

En la calle anduvo sin rumbo. Notó el tiempo cambiado: el aire presagiaba lluvia. En el cielo de la noche brillaban relámpagos. Oyó un tronar lejano. Contaminado por el recuerdo de la Récamier, a la imagen del retrato se sumaban otras, creadas por la lectura. Tuvo la impresión de que oía hablar de ella, de que ese hablar, tan curioso, engendraba una imagen dilatada.

Repentinamente se encontró con Licino. Le puso la mano en el hombro y lo detuvo. ¿A dónde vas...? A dormir. ¿Duermes con tu bolso rojo? Cuando quiero soñar.

Ahora, mis sociales: lo que nosotros, él y yo, hemos callado y escondido en esta extensa noche: Licino conoce mi historia. Sin que pudiera evitarlo, Jenofonte se la contó a la salida de la Biblioteca. Tal vez me ahogaba, y quise flotar soltando lastre. Muy escondida llevaba mi pasión, y la lengua se desató solita. Habló del retrato, del neoclasicismo y David, de lo que anotaba en su libreta y subrayaba en los libros. Farfulló, a ratos fue elocuente. Cuando Licino le confió que también admiraba el cuadro, tuvo Jenofonte una reacción parecida a la que tuviera con la bibliotecaria: creyó que estaba manoseándole su secreto. Sentí que me violaba, dijo sonriente. Pero la sensación pasó. Como Licino quería escuchar una confesión completa, apenas me volvió a interrumpir, el muy bicho. De interrogador, sería un hacha.

Licino se despidió en el parquecito de Albear. Ya estaba enterado. Echó una moneda en la fuente vacía. La moneda rebotó con ruido seco, como un pez saltador.

15

Alzada la mano, mostró Jenofonte a sus amigos tres de sus dedos. Tres fueron las sorpresas que la tarde siguiente le deparaba en la Biblioteca. Tres, subrayó. Licino y Filonús se volvieron hacia Actité, que inclinó reverente la cabeza. Juego con el número pitagórico. Jenofonte se dirigía a ella, la de los pies encantadores y los seis anillos. Cubana pitagórica, la llamaba el Aguafiestas al mencionarla en sus conversaciones, y Filonús afirmaba que Pitágoras —precisamente— había sido grabador de anillos. Los seis fueron regalo de su maestro a esta cubana, decía el Aguafiestas a punto de la carcajada.

Cuando volví a la Biblioteca, tres sorpresas me esperaban. Hasta la tarde que les cuento, estuve encadenado al libro de pintura francesa. Si en las bibliotecas de los conventos medievales eran los libros encadenados, yo era el que ahora estaba encadenado a un libro. O mejor, amigos, a una imagen.

Apenas entró se produjo la primera: nuevamente el viejo ocupaba su silla en la sala de arte. Vestido de limpio, cepillado el traje negro, rasuradas con pulcritud las mejillas, muy blanco el cuello duro de la camisa. Jenofonte se estremeció. No supo dónde sentarse ni qué mesa ocupar. Risueño, agitando los brazos, el viejo lo saludó. ¿Se habría acicalado para concurrir a una fiesta o para rencontrarse con su confidente involuntario? Mientras Jenofonte permanecía alelado, la primera sorpresa alcanzó una culminación terrorífica: el tomo de pintura se hallaba en las manos del viejo enlutado, en sus sarmentosas garras de ave rapiñera. Lo agitó en el aire. Ya no es menester pedirlo, joven. Por ti lo hice, gritó pasando súbito al tuteo, y se rió, con su inhibida risa intolerable. Como un militar ofendido giró Jenofonte sobre sus talones sin responder, dispuesto a abandonar la sala. Mis sociales, en ese momento crucial, en el que mi secreto iba dejando de serlo, habló la flaca bibliotecaria. Quedé cogido entre dos fuegos. La bibliotecaria invitaba al viejo a que pasara. ¿Pasar a dónde?, se preguntarán. Con idéntica desorientación me hice la pregunta. Porque en ese momento, oía más que veía. Descubrir al viejo con el libro, *mi* libro, me aturdía y desordenaba los sentidos. Seguí la voz de la flaquita: mi vista tropezó con un cubículo pequeño, en el que nunca había reparado. Tenía abierta la puerta de cristales. La bibliotecaria, parada en sus huesos, sostenía en alto una cortina corrida. Reiteró al viejo su invitación. Éste cerró el tomo de pintura —¿se las habría "llevado" a todas?— sin dejar de mirar a Jenofonte, de mirarlo con un mirar burlesco, y se levantó de su silla. Más que levantarse, levitó el ocambo. Como el que sostiene un objeto sagrado puso el libro en la mesa, y se encaminó al cubículo. Rejuvenecido, exultante parecía. Un movimiento burlón de sus dedos dijo adiós a Jenofonte. Adiós jodedor, saben. Di unos pasos hacia el libro, otros hacia el cubículo. El libro quedó en la mesa, lanzando destellos, y yo frente al cubículo, oyendo a la bibliotecaria que me invitaba también a entrar. Va a empezar la proyección. Azorado asomé la cabeza. Vio en la penumbra una pantalla abierta, un proyector de vistas fijas encendido. Acá solicitó, aludía al viejo jodedor, varias diapositivas de cuadros famosos. Ya casi estaba adentro, impulsado por el deseo de enterarse si la Récamier se encontraba entre las escogidas y temeroso a la vez de que estuviera, cuando la cortina cayó a sus espaldas. Su suavidad muda me erizó el espinazo. Se hallaba en medio de la segunda sorpresa. Al igual que la anterior, ésta tendría su culminación terrorífica.

La primera diapositiva apareció en la pantalla. Tantos cuadros había visto desde que visitaba la Biblioteca, que lo reconoció enseguida: *Venus y Cupido* de Velázquez. Recordó la tarde confidencial en la que el viejo enlutado se lo mencionara vehemente. El único desnudo de mujer pintado por Velázquez. Hasta que él se atrevió, ningún pintor español se había atrevido con tal asunto. Velázquez figuraba en nuestras filas. Lo suyo era mirar. Mundo, carne, luz, aire, existían para él. Qué manera de mirar. Todo está en la luz, nimbado por la luz. El viejo, sentado, se mantenía erguido ante la pantalla, dándole la espalda a Jenofonte. Ni una vez se volvió, y sin embargo hablaba en voz alta. Contaba conmigo, como si tuviera un ojo en la nuca. "Yacentes" llaman los especialistas a estas mujeres. A esas cinco grandes mujeres pintadas, la del Giorgione y la del Tiziano, *La maja desnuda* y la *Olimpia*. Cinco glorias carnales. Jenofonte distinguió que erguía más la cabeza y parecía lanzar un resoplido. ¡Yacentes! Palabra despreciable, cercana a la muerte. Están vivas, y solamente recostadas, señores especialistas. Sé, joven, cuánto significa para usted —dio la impresión de que iba a virarse y no lo hizo— el estar recostado. En mis paseos vespertinos, de los cuales le hablé, lo vi siempre recostado en las columnas de la ciudad. También esas cinco mujeres están recostadas, no yacentes, según intentan hacernos creer seres pudibundos que se avergüenzan ante la desnudez espléndida. Sobre todo si la desnudez se ofrece sin ambages, como hacen estas cinco hermosuras, a quien tenga el valor de mirarlas.

Hizo un silencio. La bibliotecaria supuso que debía poner la siguiente diapositiva. El proyector emitió un sonido sordo y el cuadro de Velázquez desapareció. No, no, señorita. Detenga esa mano fatal. El viejo enlutado parecía agonizar de dolor. Disculpe. Creí que quería ver las demás. A su tiempo, señorita. Por favor, haga volver a esa mujer inmortal. Venus y Cupido reaparecieron en la pantalla. Qué milagro, exclamó el viejo, recuperando la alegría perdida. Ésta era su fiesta, pensó Jenofonte. Para ella se había vestido, acicalado. La fiesta del mirar.

Por un momento Jenofonte se reprochó su excesivo afán en mantener secreto su "trato" con la Récamier. A dicho afán, decisivo en su ánimo, le debía ignorar, ahora se daba cuenta, la existencia del cubículo y la de la colección de diapositivas en colores. Por conservar su aislamiento se había visto precisado a tratar con una reproducción en blanco y negro, mientras el viejo, seguramente guiado por la flaca bibliotecaria, disfrutaba de la penumbra del cubículo y de los colores deslumbrantes de las diapositivas. Rescatado por la máquina ahí estaba otra vez el cuadro de Velázquez, el rosa conmovedor de la carne, el rojo profundo del cortinado. Oyó entonces al viejo batir, con júbilo infantil, los nudillos de sus puños cerrados. Un gritico escapó de sus labios. Santa técnica, proclamó luego, recobrada la voz madura. A ti debemos la vuelta de esta mujer gloriosa. Tienes el poder fáustico de hacerla regresar. Y no sólo éste, también el de hacerla viajar desde la isla remota de Bretaña, donde habita, hasta una isla del Caribe.

Yo, mis sociales, que me acuerdo más de las cosas que no hice que de las hechas, y las llevo siempre conmigo como un tormento, me acordé, y Jenofonte realizó un ademán sobrio con el brazo, digno ademán de un caballero neoclásico, me acordé del amor por reminiscencia, amor a lo que no puede tocarse ni tenerse, ni verse de cerca, en persona u original, y uno está obligado a completar mediante imaginación y sueño. Pero al enlutado no parecía importarle. En tal ejercicio tenía una larga costumbre. Conforme les contara, era experto en reconstrucciones.

Goce, joven, esa espalda ondulada, el dibujo fino, casi moviente, el rosa trémulo de la carne. Goce ese hoyuelo prodigioso en el nacimiento de las nalgas. Con el índice se ajustó los gruesos cristales. Instantáneamente Jenofonte recordó la sentencia del Aguafiestas: "No me simpatiza la gente con espejuelos. Se esconden tras reflejos artificiales." Al viejo le vibraba la voz, entre modulaciones ahogadas repentinas. Si el resto de las cinco mujeres que había mencionado se ofrecía de frente, la de Velázquez lo hacía de espaldas. Tranquila, en silencio, se dejaba admirar. Y él se sentía fascinado por su abandono. Le resultaba delicioso que ignorara el efecto devastador que provocaba en los demás, dándoles la espalda. Jenofonte notó que movía las piernas, abriéndolas y cerrándolas con ritmo creciente. Llegaba a chocar las rodillas. Tenía apoyadas en el suelo la punta de los pies. ¿Estaría intranquilo su viejo pene? El busto se mantenía erguido. La mirada devoradora no se apartaba de la pantalla. Su voz sonó entrecortada cuando afirmó que ciertos adoradores del arte eran soberanos hipócritas al negar la impresión sensual, casi licenciosa, de la obra artística. Pretenden negar que el arte entra por los sentidos. No sólo entra, los dilata. Eros reina en todas partes, joven. Y cuando deja de reinar, todo es ceniza. Sus piernas empezaron a moverse muy despacio hasta inmovilizarse. ¿No te has fijado en el espejo?, preguntó tuteándolo, nuevamente en forma inesperada. Jenofonte se encontraba en tal estado de confusa irritación, que apretó los dientes para no responder. Insultos en montón se me agolparon tras los dientes. Cuanto ocurría dentro del cubículo, incluida la figura de la bibliotecaria iluminada por el rayo de luz que salía por detrás del proyector, lo atormentaba con insólita emoción. En rigor el viejo no aguardaba ninguna respuesta, tan sólo había preguntado para darle a conocer que no ignoraba su presencia, y continuó en la misma tesitura. ¿No se ha fijado que se trata del propio Cupido, mensajero del amor? Él es quien le pone delante el espejo. Ella se mira en sus aguas. Se mira a sí misma. Vemos, y ella la ve también, su cara reflejada en el agua especular. ¿No le parece interesante? Más que interesante, ¿una revelación? Esta hermosura se ama a sí misma. Por eso Velázquez, mediante el andrógino, le puso delante el espejo. Él sabía mucho de estas cosas. Y además, joven, tenía una pasión personal por los espejos. Aparecen en sus cuadros definitivos. Y en *Las Meninas*, dijo bajando la voz como si fuera a revelar un secreto, Velázquez se mira a sí mismo pintando. Se detuvo con el fin de hacer una rectificación. En realidad no se trataba de una pasión por los espejos, sino por las cosas del mundo. Tanto las amaba, que acudía a los espejos para multiplicarlas.

Amigos, el carcamal dijo entonces a la flaca que ya podía quitar la diapositiva, no vaya a quemarse y la perdamos. La súbita blancura de la pantalla impresionó a Jenofonte, como si se tratara de una blancura anómala. ¿Pongo otra? Fue la flaca quien indagó cómplice, oficiante del rito, propiciadora. ¿La de Goya o la de Manet? Inesperadamente se viró el enlutado. Sus gruesos cristales relampaguearon. Los ojos gastados de mirar la hermosura del mundo, el mundo es figura y el propio aire tiene cuerpo, me dijo la tarde en que me habló, no buscaron a la bibliotecaria, se posaron en Jenofonte. ¿Por qué me miró a mí? Yo no fui. Yo estaba mudo, mordiéndome los dientes. Pero la cosa era conmigo. La segunda sorpresa se desencadenaba, llegando a su punto culminante. Lo que no quería oír, fue lo que oyó. Lo que no quería ver, era lo que querían mostrarle. Señorita, pasemos a las vestidas. Me miraba a mí, le hablaba a la flaca. La ropa oculta, y al ocultar, sugiere. El cuerpo vestido también hace señales. Cada sugerencia es un estímulo. Sólo lo sugerente es estimulante, y lanzó una carcajada. Bueno, mis sociales, no la lanzó, supuse que lo haría. La reprimió enseguida, de acuerdo con su naturaleza. Pasar de la desnuda a la vestida, puede resultar un desafío. Póngala, señorita.

¿Qué otra vestida podía aparecer sino ella? La estratagema se tornaba evidente. Ambos lo sabían. Mi relación secreta con la Récamier formaba parte de sus relaciones públicas. Como si la historia retrocediera, se sintió y casi se vio de repente en el salón de la Abadía del Bosque, rodeado de sus molestos contertulios, igual que se sintiera el indefenso Benjamín Constant. Ella, ya lo anunciaban, estaba a punto de hacer su aparición. En una de esas diapositivas, metida en una pequeña caja estrecha, se encontraba la Récamier. Mediante el auxilio del rayo luminoso, surgiría del celuloide. Brotaría como Afrodita del mar griego. Colocarla, con su mano propiciadora, y correr el aparato, era cuanto tenía que hacer la bibliotecaria. El rayo luminoso se encargaría de poner a Julieta Récamier ante sus ojos, con todos sus colores, quizá con un leve brillo de artificio. Podría mirar, mirar a la manera del viejo enlutado, los detalles que faltaban a su mísera reproducción en blanco y negro. Cada nuevo detalle desconocido propiciaría la nueva visita, tan invocada por él. Untada de provocación seguía sonando la voz del viejo. Ahora, joven, viene la suya. Si lo desea, puede llevársela, conforme le enseñé. Al mito del amor como antropofagia, es decir, deseo de comerse a la persona amada o ser comido por ella, opongo un mito nuevo: el de hacerla vivir dentro de uno. Y si tu alma es complementaria, a diferencia de la mía, puedes completar la relación: vivir dentro de ella.

Sería difícil concebir, al menos hasta ese momento, dos seres tan alejados entre sí como el viejo y el Aguafiestas. En él creyó sin embargo Jenofonte escuchar, si no su voz imponderable, algo que a Aristarco Valdés le habría complacido decir. Por un plazo muy corto las diferencias esenciales entre ambos parecieron disolverse: el nuevo mito propuesto por el viejo hubiera encantado al Aguafiestas. Estaba en su tesitura. Hacía poco, en La Torre de Marfil, habían hablado de la posesión sexual como de un comer, la incorporación de la fruta. ¿No era una forma singular de antropofagia espiritual? El Aguafiestas parecía haberse adelantado al nuevo mito. Jenofonte experimentó la sensación de que se duplicaban. La voz del viejo se producía en la vigorosa garganta del Aguafiestas, o la de Aristarco, en la decadente del viejo. Tal sensación, un tanto alucinante, duró poco. ¿Se disolvían las diferencias o se integraban? No estoy seguro. ¿Qué piensas de esto, Filonús? ¿Y tú, Actité? Interrogaba a sabiendas de que sus amigos no responderían. En el transcurso de tan larga noche, se habían negado —sin decirlo— a participar en su exposición, a ofrecerle ayuda cuando su lengua farfullaba o se paralizaba. Los tres, incluía en esto también a Licino, se comportaron como perfectos escuchas: fueron de un silencio atronador. Pero esos dos antípodas, inesperadamente semejantes, el viejo y el Aguafiestas: ¿se habrían conocido? ¿Conversaron alguna vez? ¿La mano sarmentosa del viejo estrechó la del Aguafiestas? ¿O en la suya, ancha y con largos dedos, se perdió la del viejo enlutado? Lástima que Aristarco permaneciera cada vez más mudo, al parecer haciendo causa común con sus amigos. Mudo, huraño, recostado en su árbol. Lástima. Sentía la necesidad de preguntarse, necesidad que se obligaba a reprimir. Existía no obstante algo claro: conversar tenía para ellos un sentido. Sobre él se explayaban a menudo conversando. Encontraron conversando el sentido del conversar. Y aquí me detengo. Empieza la lengua a enredarse solita.

Vuelvo al viejo, mis sociales. Mirándome lo dejé, mirándome con sus ojos singulares. Inclinados en mi dirección, disparó la pregunta clave: ¿Quieres verla? A mi alrededor todo se paralizó. El viejo se quedó inclinado, la bibliotecaria con la diapo lista, encendido el rayo del proyector. Todo a su alrededor esperaba por la respuesta. ¿Quería o no quería? Recuerden: tenía los dientes apretados, insultos detrás de los dientes. Pero cuando se separaron, no escaparon insultos, escapó un *no* tan rotundo, que la pantalla estuvo a punto de derrumbarse. Y después un *no* para el viejo enlutado e inclinado, y cegué sus cristales. Otro *no* directo al proyector, y apagué el rayo. Y el último *no* derechito a la flaca, y la partí en pedazos. Cayó la diapo en la cajita como en su propio sarcófago. Alzada la cortina, abrió la puerta del cubículo y Jenofonte salió. Con paso resuelto se acercó a la mesa. Encima se hallaba todavía el tomo de pintura francesa. Continuaba abierto y Jenofonte se empinó para ver la página. Fue innecesario acercarse más: desde lejos la adivinaba. Era la misma en la que tantas tardes se demorara. Un perito podría tomar sus huellas dactilares: la yema de su índice había recorrido múltiples veces cada una de las partes del retrato de la Récamier: las huellas de su índice y las de cualquiera del resto de sus dedos. ¿Y por qué no las huellas de sus ojos y las de sus labios? Miles de sus miradas podrían desprenderse de los pies de la Récamier, de sus hombros y su cuello, hasta de la *cline* en la que estaba recostada. Cuántos besos disimulados, aprovechando las ocasiones en que la bibliotecaria no lo vigilaba, podrían ser rastreados por un buen perito. La huella de sus saludos y la de sus adioses: la huella de su aliento cuando se encimaba sobre el retrato para descifrar las partes sombrías. La huella de sus sueños, la de sus largas conversaciones con ella. Todo esto tenía que permanecer, y podría rencontrarse sobre esa página distante. No le cabía duda: había sido su fiesta del mirar. Insatisfactoria a ratos, a ratos plena. Dichosamente amenazada. Para él, las dichas valiosas e intensas resultaban amenazadas por el más insignificante peligro. Una certeza me asaltó entonces: las tardes en la Biblioteca habían terminado. Tras lo sucedido, no podría volver. Me despedía. Era su despedida, su fin de fiesta. Bastó con empinarse desde lejos, con elevar su cabeza encrespada. Nada, aproximándose, quiso comprobar. Tonta o irracionalmente temió que el viejo se la hubiera llevado, y en lugar de la Récamier, encontrara blanca la página. Vacía, sin ella, y sin sus huellas. Se apartó brusco. Caminó en busca de la salida.

Frente al cubículo estaba la bibliotecaria. Parecía esperarlo de pie, dispuesta igualmente a despedirse. Mulato presumido, dijo despectiva cuando pasó Jenofonte cerca de ella. Te gustan demasiado las blancas. Si están pintadas, más.

Me paré en seco. Descubrí en su boca el propósito de decirme algo fuerte. No lo hizo, y apoyó su espalda contra la puerta. Fui directo. Cerquita frené, casi nariz contra nariz. Los dos oíamos nuestras respiraciones. Se dio cuenta entonces de que era mulata igual que él. Eso lo contuvo un segundo. Después dijo: tú que la has visto, compárate con ella. Ni alcanzas a ser una de sus piernas. Te criaron con agua de azúcar prieta. La bibliotecaria jadeó, cogió aire o algo parecido. Con ironía entonó su voz y a la vez mimaba el asunto. "Que a veces sabe Onán / mucho que ignora Don Juan." Retrocedí, herido. Herido, encabronado, rabiando echó a andar, y se viró de pronto para ripostar groseramente, pero ninguna te dedico, y abandonó para siempre la Biblioteca. Detrás quedaban el retrato, los libros consultados, las cartas y semblanzas: cuanto había metido en su fragua. Apretó su libreta llena de anotaciones y echó a andar.

Cumplidas estaban, en toda su extensión e intensidad, las dos primeras sorpresas. Apenas cruzó la puerta de salida, se produjo la última, la más corta y provechosa de las tres. Licino lo aguardaba en la acera, al hombro su inseparable bolso rojo. Tras los saludos y el estrechón de manos, manifestó a su amigo que le traía un obsequio. Bajó el bolso, lo abrió y sacó un sobre de Manila, muy cuidado, muy limpio. Con sonrisa enigmática se lo entregó. Llévalo sin doblarlo. Ábrelo solamente en tu casa. Se alejó de prisa, sin darle tiempo de hablar a Jenofonte. Vencí la tentación y no lo abrí. Lo palpé, eso sí, tratando de adivinar su contenido: parecía vacío, y que Licino, el que desde hacía siglos amaba tanto los retratos y la amistad, le hubiera sin embargo dado una broma. Tuvo no obstante el presentimiento de que la fiesta no había terminado.

16

Con el sobre caminó Jenofonte por la calle Obispo. No le pesaba en la mano. En el aire parecía un pañuelo de holán, un gallardete. ¿Llevaba acaso su divisa, como diría el Aguafiestas? Pensó nuevamente en que Licino podría haberle jugado una broma, y al instante desechó ese pensamiento tonto. Licino conocía su pasión por la Récamier. En el encuentro anterior, a la salida de la Biblioteca, le había contado esta pasión con su desasosiego, sus tristes detalles, y sobre todo, sus largas esperas baldías, que le dejaban una aridez en la boca. Tras esta confesión, dolorosa y hasta un tanto ridícula, con esa respetable ridiculez de los amores, ¿iría Licino, al que podía considerar un amigo, y que en otro tiempo hizo la apología de la amistad, a burlarse de sus sentimientos? El sobre no podía estar vacío, aunque lo pareciera, ni su amigo jugar como un niño con su pasión por Julieta. La moneda que Licino lanzara en la fuente del parquecito Albear, conjuro benéfico, aún saltaba ante sus ojos. ¿De qué ojos? Mis sociales, han tenido la experiencia de que existen ojos diversos, físicos y metafísicos, reales o metafóricos. Lo importante del hecho consistía en que la moneda y el sobre amarillo se pusieron en conjunción. La moneda conjuró la suerte, y ésta, mediante las manos de Licino, trajo el sobre.

Apretándolo por una de sus puntas, avanzaba calle arriba. Desde que Jenofonte descubriera la reproducción del retrato de la Récamier, Obispo no le era indiferente. Siento ternura por esa calle. Si pudiera, me gustaría acariciarla. Recta, bien trazada, como pocas en la Habana Vieja, con aceras bastante anchas, se deja recorrer sin dar muchos saltos de la acera a la calle o caracolear entre la gente. Derecha, a cordel, comenzaba en el parque donde estaban sentados y concluía en el de Albear. Jenofonte contó varias veces sus cuadras. Diez, de parque a parque. La calle nacía en un conjunto de árboles e iba a morir en otro. Alguien una vez la comparó con el cauce seco de un río. Cada tarde, camino de la Biblioteca, el Jefo descendía y avanzaba por él rectamente, pisando figuras de fango endurecido que se deshacían con un sonido a tierra muerta, y ascendía para encontrarse con la Récamier. Pese a la reproducción opaca, sin color, su retrato resplandecía dentro del recinto encristalado de la Biblioteca: reclinada en su *cline*, encerrada en una cúpula de vidrio refulgente.

Cumplir con las dos advertencias de Licino —no doblar el sobre y abrirlo únicamente cuando se encontrara solo en su cuarto— generaba en Jenofonte un goce singular. Goce que podía estar o en efecto también estaba dividido, a semejanza de las advertencias de Licino, en dos partes o pequeños goces consecutivos: el de las preguntas y el de las figuraciones. Ante la inconsistencia del sobre, se hizo varias preguntas. La principal y la más simple —¿qué tendría realmente dentro?—, al iniciar las interrogaciones posibles, a la vez iniciaba el reinado de las figuraciones. Licino podía haber colocado la noticia del hallazgo de un libro sobre la pintura de David, con mejores reproducciones, que se encontraba en otra biblioteca de la ciudad y que él no había consultado, o la fotocopia de una carta desconocida de la Récamier. Las preguntas y las figuraciones consecuentes se hacían infinitas, casi duraban todo su recorrido por Obispo. De entre ellas, la que más lo inquietaba y al inquietarlo acrecentaba su goce, era la ilusión (tal vez la esperanza, rectificó a sus oyentes) de que Licino hubiera puesto, recortándola de alguna parte, la copia más estupenda del retrato.

Sus mocasines sempiternos aplastaban el lodo reseco, pequeñas conchas, o pateaban guijarros y cantos rodados. No quería que ningún conocido lo encontrara ni que nadie lo saludara, interrumpiendo el regreso a su casa. Qué lejos le parecía ahora su cuarto. En otro planeta, mis sociales. Su cuarto se desintegraba en la distancia, volvía a integrarse. Más cerca, más cerca, y le daba una patada a un guijarro. Nunca tuve entre los dedos, entre dos dedos, repara Actité de nuevo en el número, algo que sintiera tanto, que fuera tan presente.

No sólo se trataba del sobre finísimo, sino de las figuraciones. Creaban una capa de superposiciones sucesivas que, semejante a la manera en que ciertos pintores renacentistas obtenían la luminosidad, adensaban el sobre amarillo, dotándolo de peso y esplendor.

Al participar en el reino de las preguntas y las figuraciones, comprendía Jenofonte que en algo se aproximaba al Aguafiestas. ¿Acaso no retenía igualmente el goce? Solía oírselo contar. Y al retener el goce experimentaba Jenofonte, otra vez en esto parecido al Aguafiestas, la deliciosa y temible sensación de su propio poder. Posponiendo el momento de abrirlo se imponía una disciplina, una disciplina de delicias. Le decía al momento, *espera*. Ya llegarás, compadre. No te apures.

Aquí se detuvo y miró a Actité. Había sentido el temor de que ella, como hiciera la flaca bibliotecaria, lo encerrara en la esfera del onanismo. Si antes físico, ahora mental. No le agradaba pertenecer a ningún bando ni estar encerrado en ninguna esfera. Sólo en el bando de los reclinados, optó por decir de pronto, como si adivinaran sus pensamientos. ¿No los habían adivinado? ¿No se pasaban los unos a los otros, por vasos comunicantes? Pero ningún indicio encontró en la cara de Actité, casi inmaterial, el resto del cuerpo evadido, debajo de su largo vestido blanco. Apenas Jenofonte alcanzó a ver que daba vueltas despacio a uno de sus seis anillos, y dejó de mirarla. Licino y Filonús parecían neutros, y el Aguafiestas, una figura de humo.

En el fondo Aristarco y él se proponían intervenir en el curso del tiempo. Se hacían un tiempo individual. Entregándole el sobre cerrado, se hallaba Licino en su curso temporal, y Jenofonte agregaba, al demorarse, un tiempo personal. Se sintió a punto de entrar en uno de sus períodos de inexpresividad. Las palabras empezaron a saltarle delante, las muy díscolas nuevamente susurraban burlonas, "cógenos, cógenos, que nos vamos", y Jenofonte se calló avergonzado. Fue Actité la que descubrió que luchaba por expresarse. Se había inclinado, sacando la cabeza de entre la fila, y vio dilatadas las venas de su hermoso cuello y lo vio agitar la cabeza encrespada, como el náufrago que se debate por respirar. Creyó que si mencionaba a Jaromir Hladík, que conseguía anular el curso del tiempo, aunque en su caso se tratara de un tiempo general, contribuiría con la cita a que el resto de los oyentes intuyera lo que el Jefo se esforzaba en decir. Sin embargo continuó silenciosa, y volvió a recostarse en el banco de piedra antigua.

¡Al fin llegué al parque Albear! Aunque lo tenga todo claro, a veces me extravío. ¿No han visto saltar las truchas? Cada trucha es una palabra que salta en un río sin nombre. Pero ocurre una cosa: yo también soy la trucha. Cuando logro apresarla, soy yo mismo el que está entre mis manos. Jenofonte parecía recobrado. Sus dedos cesaron de hundirse y de jugar en su barba rubianca. Me incliné sobre la fuente del parquecito y, como si tuviera una trucha en la mano, alcé el bendito sobre amarillo. No, no lo tiré. Lo hice solamente para verificar el conjuro. Entonces se percató de que la pequeña fuente no estaba seca, como la halló cuando Licino lanzó la moneda. Por sus caños empezaba a fluir lenta el agua.

Se apartó y comenzó a cruzar el Parque Central. El agua seguía manando, y él llevaba el sobre amarillo con suma delicadeza, un poco en alto el brazo. Había decidido ir a pie hasta su casa en el Cerro. ¿Subirme a una guagua? Qué va. Ni loco. Estaba impaciente, pero lúcido. Caminar calmaría esta impaciencia y dejaría exclusivamente su lucidez. Subirse a una guagua, repleta de gente sudada, bullanguera, lo obligaría a incluir de nuevo a los otros. Además, ¿iba a correr el riesgo de que me estropearan el regalo del gran Licino, el amigo callado y no obstante efectivo, de ojos color del tiempo? Rió suavemente, con su habitual ambigüedad. Caminar sin fijarse en nadie, como por una ciudad desierta, al calmar su impaciencia o su nerviosismo bobo, acrecentaba su soledad. Se quedaría sin ningún sentimiento pegadizo, sólo con el deseo de abrir el sobre.

Algo me interrumpió.

El viejo ocupaba un banco del Parque Central, ataviado con sus mejores galas luctuosas. No sólo se sorprendió Jenofonte al verlo, sino que el viejo y su vestimenta, en la plena luz de la tarde, sobre un banco de mármol, eran sorprendentes. Jenofonte retrocedió buscando otro sendero por donde escapar. Estaba a tiempo: el viejo no lo había visto ni podía verlo. Ni a él ni a la estatua de una mujer desnuda, ligeramente inclinada y acariciándose los senos, que tenía delante. ¿Por qué, mis sociales, el viejo enlutado no podía vernos a ninguno de los dos? Facilito: estaba sin sus gruesos cristales y con los ojos tapados. Tapados por un par de algodones. Sin embargo, igual que un animal, instintivamente escondí el sobre tras la espalda. Como el viejo no podía vernos, no busqué otro sendero, avancé por el mismo, pero caminando de puntillas. Si no podía verme, podía oírme. Cuando dejé de mirar sus ojos tapados —estaba ya serenándome de la sorpresa—, descubrí que junto al viejo había una botella de agua. Tanteando bajaron las manos del viejo sobre ella, la destapó y se puso un poco de agua en cada uno de los algodones, moviendo hacia atrás la cabeza. La botella volvió a su lugar y el viejo delicadamente se acomodó los algodones. Yo, por el sendero, con paso de lobo y parado en dos patas, pasé frente a él. Entonces oyó Jenofonte, en un estupor, la voz del viejo decirle, he visto tanta belleza que tengo vencidas las pupilas, con gemido de ultratumba. ¿Me habría reconocido el carcamal, a través de los algodones? No se detuvo, pero le lanzó una última mirada: hilos de agua empapaban las mejillas del enlutado.

Caminé y caminé. Caminé como los grandes caminadores, como el Padre José que a pie llegó a Roma desde París, haciendo quince leguas diarias y durmiendo a cielo raso, como los soldados de la infantería romana por las Galias o la española por tierras de América. Caminé como los negros africanos y los etíopes, o el Andarín Carvajal, que recorría la Isla de una punta a la otra, y no podía permanecer sentado, y siempre estaba listo y de pie. Yo, no. De acuerdo con su tipo, se recostó en algún paredón, en alguna columna y en algún poste. Me quitaba un mocasín y luego el otro. Pegaba un brinco, y se daba un masaje en el músculo de las pantorrillas. Caminé. Caminé, como un mulo, como un caballo.

Temía que lloviera y el sobre se mojara. Temía que pasara algo malo en el trayecto hasta su casa. O mejor, hasta mi cuarto. Y nada pasó. Por fin llegó a la Calzada del Cerro. Cogí por mi calle y abrí la puerta, sano y salvo, mis sociales.

¿Qué haces con ese sobre? Nada. Me hallaba en la mejor disposición de responderle a papá unos cuantos "nadas" más, si seguía interrogándome. Cuando entré en la sala, mi madre, la que iba al mar solamente a sentarse en la orillita y a mojarse los pies, no se encontraba en la casa, y mi padre terminaba de arreglar el altar cuando se me acercó: se había encarnado en el bendito sobre. ¿Para qué tú lo quieres? Para nada, papá. ¿No está vacío? No lo sé. Paró sus preguntas y me miró extrañado. Hace tiempo necesito un sobre como ése, dijo luego a Jenofonte. Dámelo, hijo. Lo que no me ocurrió en la calle, a punto estaba de ocurrirme dentro de casa. Su padre se le encimó, con la mano tendida. ¿Pero no afirma Pascal que los males del hombre empiezan cuando sale de su cuarto? Yo me encontraba dentro de casa, con la puerta cerrada, camino de mi cuarto, lejos de esos males pascalianos, y la mano de papá quería arrebatarme el sobre bendito. Me lo pusieron los orichas en el camino. A mí también, a mí también, papá, y Jenofonte apartó el sobre. No puedo doblarlo ni abrirlo. La mano de su padre se retiró en el acto. Si es una ofrenda, ponlo en el altar, pareció aconsejarle. Aproveché el momento y corrí a mi cuarto. Allí se volvió y le gritó a su padre, te lo doy después, y cerró la puerta.

Para mayor seguridad, escondí el sobre en el armario y eché la llave. Me sentí tan solo de pronto... Se frotó la yema de los dedos y dio varias vueltas por la estancia. Algo me había abandonado. Acaricié la llave. Qué solo me sentía. Eso me duró un rato. Había empezado a oscurecer y prendió la luz. ¡Si esta noche, como aquélla, viniera...! Todo lo dispuse, con mucha ternura. Tenía fe, repentina y loca, en que abrir el sobre lo ayudaría. Antes, sin embargo, antes iniciaría el rito. Sabría invocarla.

Sacudió y ordenó el cuarto. De un usado gavetero antiguo sacó una sábana limpia y tendió la cama. Lustró los mocasines, polvorientos de la caminata, y los colocó al pie de la cama. Sobre el respaldo de la silla puso la camisa y el pantalón, y se quedó desnudo. De un cordel que atravesaba la ventana, ahora cerrada, cogió la toalla y la ciñó a su cintura. Tuve suerte: cuando asomé la cabeza, abriendo suavecito, papá atendía a dos creyentes. El cuarto de Jenofonte, como todos en la casa, daba al patio, y en los confines del patio se hallaba el baño. Corrió entre los canteros sembrados de romerillo y albahacas, y se encerró en él. Le di inicio a la cosa. Me quité la toalla y abrí la ducha. Dejé el agua correr, para que se limpiara. Clara se fue poniendo, suave, sin peso. El ruido lo hizo orinar. Oriné. Era también una purificación. Se paró debajo de la ducha, los brazos a lo largo del cuerpo desnudo, la cabeza inclinada. Veía caer el agua sobre sus pies, que tanto habían caminado ese día, como un salpicar de fulgores. Después empuñé el jabón. Lo olí largamente, aspirando. Imaginé que era de limón. A mí el olor del limón me gusta cantidad. No era de limón, era jabón blanco, de lavar ropa, y procedí a purificarme. La espuma se iba por el tragante girando, y se llevaba todo lo malo. Tenía un recuerdo emocionante: la escena de una película de Bergman en la que el protagonista —*La fuente de la virgen*, ¿no?— purifica su cuerpo antes de ajusticiar a los violadores y asesinos de su pequeña hija. Vi la rama de abedul, al padre azotarse la espalda con ella, dentro de una tina grande de madera, el humo del agua caliente ascendiendo hasta el techo o hasta el cielo. Jenofonte se recostó en los azulejos mojados, un frío cariñoso me anduvo por la piel, y se enjabonó la barba y el pubis vigorosamente. No se lavaba para ajusticiar a ningún asesino, sino para entregarse limpio, sin daño, como el padre de la película, igualmente puro. Bella le parecía esa escena, porque ya estaba consagrada por el recuerdo. Así acontece, mis sociales: una imagen tiene que ver con nosotros de una manera, diré, parcial, y sin embargo podemos equipararnos con ella. Formó un arco con su cuerpo y el agua de la ducha le lavó el pubis y el sexo. Tras mojarse el cabello delante del espejo, se peinó. Perdí de momento los crespos y quedé Rodolfo Valentino, el pelo estirado. El roce de la toalla al secarse comenzó a excitarlo, y más cuando la amarré a la cintura y corrí por el patio parecido a un fantasma. Aquello pegaba ligero contra la felpa.

Empezó, ya en el cuarto y con la puerta cerrada, la segunda parte del ritual invocatorio. Se puso los mocasines y continuó envuelto en la toalla. Abrió el armario y dejó sus grandes puertas sin cerrar. Frente a él, en el borde de la cama, se sentó. Repasó su libreta de notas. Cuanto conocía de la Récamier, resultado de sus múltiples pesquisas en la Biblioteca de Obispo, se hallaba recogido en esa libreta. Tras el incidente con la bibliotecaria, nunca podría regresar a la Biblioteca. Esas tardes, en las que había descubierto y aprendido, estaban terminadas, y pronto se vería precisado a enterrarlas. Buscó y leyó varios pasajes predilectos, varias noticias que lo emocionaban, como las páginas donde copiara fragmentos de las cartas de Benjamín Constant. Descubrió de repente que podía alzar la vista y las anotaciones proseguían existiendo sin que él las leyera. Cerró entonces los ojos y se las dijo en voz baja, las susurró, las musitó. Luego no necesitó decirlas. Sus labios se detuvieron, y las anotaciones siguieron existiendo. ¿Dónde, mis sociales? Imposible responderles con precisión. Se hallaban en mi sangre, iban por mis venas, por detrás de mis pupilas. Formaban parte de mi memoria. O mejor: de mi sustancia. Estaban en mi fragua.

Dejó la libreta y se levantó. Todo lo que sabía estaba en mi cuerpo. La unidad era perfecta. Ralló un fósforo y, en medio del piso del cuarto, dio fuego a la libreta y a la copia que había hecho de la Récamier en papel de seda. Ardieron en una pira silenciosa. Comprendió que había llegado el momento de abrir el sobre. Saltó sobre la ceniza y lo tomó del armario. Me sentía tan seguro, una rara seguridad que no conocí hasta ese momento. Abrió la puerta del cuarto y la dejó entornada. La noche reinaba en el patio y el fresco nocturno movía las yerbas y las matas. Lo embargó un olor húmedo y a la vez tibio. Pese a los ruidosos hábitos del barrio, nada se oía. Su padre había salido o habría subido a la azotea, huyendo del calor.

Como todo lo que sabía estaba ya en su cuerpo, con él realizaría la invocación más consumada.

Se acostó en el piso del cuarto y recostó su espalda en la pielera de la cama. Sin duda cerraba su ciclo el ritual propiciatorio. Recostado de esa manera, las piernas a lo largo, repetía mágicamente, por magia imitativa, la forma en que la Récamier se recostaba en su diván, en su *cline*. Mi cuerpo, que atesoraba cuanto conocía de ella, a su modo la llamaba, latiendo con todo su espesor contra la tierra. Elevó la cabeza, pareció saludar, dar la bienvenida.

Entonces despegué el sobre y soplé dentro. Algo, muy fino, se movió, e incliné el sobre. Una hoja de papel cromo se deslizó en las piernas de Jenofonte. Licino no se había burlado de su pasión. En sus piernas se hallaba su regalo: la más hermosa reproducción del cuadro de Madame Récamier, pintado por David, la más hermosa que hubiera visto. Qué clase de reproducción, mis sociales. Una Skira auténtica. A todo color. Al fin, me dije o grité. O vaya si balbucí. Fue como si ante mí una luz estallara, ocre y también verde. El rayo verdoso, que dijo no sé quién. Jenofonte creyó de pronto que se trataba de otro cuadro. O mejor, mis sociales: de otra mujer. Lo que me faltaba conocer se hallaba sobre mis piernas. Rectifico: no era otra mujer, sino la Récamier plena y entera. Lo que nunca hube de ver, ahora lo veía. ¿Ver o tener? No lo podía distinguir ya. Las distinciones son obra sólo de la mente, y en ese momento crucial también era yo una viviente entidad. Ahí estaban las cejas, el azul intenso de los ojos, en la frente la cinta morada, que Jenofonte no conocía. La boca, tan trazada y tan firme, con el labio inferior, espeso, sensual. La oreja perfecta, el lóbulo besable. El cabello castaño dorado, lleno de crespos donde meter los dedos, y desanudar la cinta morada, aquella cinta, lo recordaba bien, que todos pedían como souvenir o le robaban como un recuerdo.

Terminaron mis funciones de arquitecto y decorador aficionado. Una tarde Jenofonte había dibujado al fondo del cuadro una ventana. El fondo era como un gran telón liso, color terroso, sin ninguna ventana. La lámpara románica sí aparecía, pero al extremo derecho, sobre su larga base metálica, semejante a un gran falo. Vela, sin duda, vigilante, posesivo, encendida lámpara votiva.

Si lo sorprendió su blancura, en aquella borrosa reproducción del libro de pintura francesa, su blancura contra el manchón oscuro del resto de la habitación, la blancura de su cuello, de sus brazos, de la cara y los pies, ahora esa blancura, que lo atrayera por incorpórea y fantasmal, había adquirido tintes rosados, el rosa conmovedor de la carne, el rosa trémulo que el viejo enlutado admiraba en la Venus desnuda de Velázquez. Jenofonte sintió que algo se modificaba en él: esa blancura rosada lo atraía y lo subyugaba, excitándolo mucho más que la simple blancura anterior. El rosa pudoroso de la piel pedía a gritos su protección, la cercanía, quería ser tocado, acariciado y finalmente poseído. Como mulato así lo sentía, mis sociales. Algo tierno había en ese rosa, y a la vez punzante. Algo que deseaba ser violado. Mi sombra buscaba su claridad, claridad de sangre diluida. Miró sus pies y sus manos. Sólo se veía una mano, entrecerrada, descansando en el muslo. Alguien en su época, creo que Mérimée, juzgó sus pies y sus manos grandes y feos. Quizá para un tipo limitado, lo pequeño solamente posea encanto. Para mí, no. Manos y pies, y sobre todo los pies, eran sus fetiches, lo mismo grandes que pequeñitos. Una mano que quepa en la mía es una maravilla, tanto como la que no puedo abarcar ni encerrar. Los pies de la Récamier eran grandes y por igual hermosos, plenos de armonía. Como en las estatuas griegas y en relieves asirios, su dedo gordo sobresalía de los demás, y lo hubo de levantar un tanto, para que David también lo retratara.

Me incliné y lo besé.

Cuando apartó los labios, tuvo una figuración, entre las múltiples figuraciones de ese día. Sus ojos quedaron muy cerca de los ojos de la Récamier. Desde su *cline*, con su grácil vestido, un tanto fría y un tanto provocadora, sin entregarse del todo y pareciendo a la vez dispuesta a entregarse, observando el mundo a cierta altura, sin comprometerse con sus alegrías ni sus desdichas, pareció no obstante devolver a Jenofonte la mirada. Él parpadeó. La mirada de la Récamier, muy próxima, continuaba fija en la suya. Entonces empezamos a observarnos. Creí que me veía en el azul húmedo de sus ojos. Tenían una fuerza increíble y una dulzura remota. Mi excitación aumentó, y mi placer. El placer de ver unos ojos que me veían. Su placer se hizo incluso demasiado grande. Tanto, que lo soportó con una especie de terror. Éramos cómplices, y me tocó una sensación rara: que me observara un ser muerto desde hacía más de un siglo, como si estuviera vivo. ¿Qué le estaba entregando yo? Si Jenofonte tenía la certeza de que no había nadie en el cuarto —estaba encendido el bombillo que colgaba del techo—, se hallaba convencido al mismo tiempo de que alguien se encontraba a su alrededor, o se hallaba muy cerca. Cerró los ojos como el que va a caer en un trance. Comprendió que debía recuperar su posición, y extendió las piernas de nuevo, y pegó fuertemente sus omóplatos contra la pielera. Le vino un verso a la memoria: "Venus, desde el abismo, me miraba con triste mirar." Como todo lo que sabía estaba ya en su cuerpo, abrió la boca y, unido el índice con el pulgar, extrajo un hilo invisible y lo llevó hasta su sexo. Esta vez oyó el piafar de los caballos y el ruido de un carruaje que se detenía. Segurito y claro: la Récamier venía por segunda vez. Al fin había aprendido a invocarla.

Abrió los ojos: ella estaba de pie en el espacio que dejaba la puerta entornada. Siguiendo la moda francesa de su tiempo, llevaba un sombrero de alas anchas y sobre él un velo de encaje que caía hasta el piso: parecía envuelta en un blanco vapor, ligero y diáfano. Contra la oscuridad del patio se vislumbraba, en medio de una claridad que emanaba de ella misma. Abriendo el velo, Jenofonte la vio sacar la mano con una ramita verde entre los dedos. Él se levantó y anduvo hacia la puerta para abrirla. Ignoraba por qué su gran emoción se mezclaba con una sonrisa imprudente, insinuada sobre sus labios. No recordaba haber visto a la Récamier con aquel sombrero ni con aquel velo de encaje. ¿Creería necesario resguardarse en el trópico del ataque de los mosquitos? Luché por no reírme, mientras me acercaba. Y mientras se acercaba, ella también sonreía, de un modo tan encantador e ingenuo, que la sorpresa burlona que le había causado su atuendo se extinguió. Con un temblor de ternura pronunció Jenofonte todos sus nombres: Juana, Francisca, Julieta, Adelaida... Si yo temblaba, ella se veía por el contrario sosegada, consoladora. Le hizo una reverencia antigua y hasta ridícula, pero que la emoción volvía genuina, y la invitó a pasar. Cuando enderecé el espinazo y viré la cara en su busca, la Récamier se desvanecía. Como el que borra una figura dibujada en un papel, por partes, se desvanecía. Quedó una fosforescencia difusa en el aire, desintegrándose al instante. La mano que la invitara pasó a través del espacio donde se hallaba su cuerpo sin encontrar nada. Jenofonte repitió todos sus nombres en un esfuerzo penoso por hacerla volver. Obstinándose en buscarla se asomó al patio oscuro: no había nadie. Oyó, con el vano empeño de que fuera ella, a la brisa trenzarse en las hojas.

Mis sociales, mudos como una piedra muda, cometí un error. Me equivoqué. Y sin burlería —ya vieron cuánto me avergonzó sonreír—: los mocasines me regalaron la clave de mi equivocación. La clave o la cifra, usando el término de acá, el Aristarco, y que Jenofonte creía vocablo más propio de Actité. ¿No era ella la numeróloga del quinteto? Si podía verme los mocasines en el cemento del patio, sin duda estaba de pie. Levantarme para recibirla fue incontenible. Y en eso consistía mi equivocación. Ya lo suponen: había dejado de estar recostado. De prisa retomó la posición mágica y puso la reproducción sobre sus piernas estiradas. Como ella estaba sobre mis piernas, y los dos formábamos una pareja en un vis-à-vis, contemplándose diagonalmente, quise de pronto, en una de las figuraciones de ese día, que algún pintor me hubiera pintado con la cabeza vuelta hacia ella y de espaldas al resto del mundo, acompañándonos para siempre. O por los años que la tela durara.

Tras mirarla y pensar en ella, por un tiempo que fluía oscuramente, sin dejarse medir, tuvo la sensación renovada, tibia, inquietante, de que alguien se encontraba en el aire de la habitación. No se trataba únicamente de sensación, también era convencimiento. Sin apartar los ojos del cuadro, sin buscar comprobación alguna en el espacio, me limité a aspirar, a respirar profundo. La tibieza diluida en la atmósfera se pegaba en su piel, y a la vez, complementariamente, brotaba de sus poros. Entonces, como hiciera antes, volvió a cerrar los ojos. De su boca, esta vez, salió como un soplo, y casi de inmediato, con algo desconocido, medio áspero y que olía a yerba, tocaron sus labios. Sintió que luego le daban, con el mismo objeto, golpecitos en la frente, después en las mejillas, y por último en los párpados. Comprendió llegado el momento de abrir los ojos: era la Récamier, en los dedos la ramita verde, con la que lo había tocado. Haciendo un gesto de niña la agitó ante sus ojos abiertos. Esta vez estaba vestida igual que en el cuadro, la túnica blanca, vaporosa, los brazos desnudos, la cinta morada que aprisionaba sus rizos. Se sentó junto a él, reclinando su espalda en la pielera.

Ni me moví esta vez. Me sentí más recostado que nunca. Y sin proponerme asombrarlos a ustedes ni vanagloriarme de nada, fue ella, famosa por esquiva con los hombres que la amaron, víctimas de ese arte suyo de transformar a sus adoradores en amigos que renunciaban a poseerla, fue ella, la que preservara su virginidad durante cuarenta años hasta que Chateaubriand rompió su sello, la Récamier, quien inició la cosa. Ella tomó la iniciativa. Pasó la ramita por las piernas desnudas de Jenofonte, la subió por el vello del pecho hasta la garganta y, bajándola de pronto, pegó finalmente un golpe suave en su sexo erguido. Entre ambos muslos colocó la ramita verde. Sus ojos emitieron una irradiación tenue, y Jenofonte descubrió que, con sus blanquísimos dientes, se mordía el labio. Los dos, según él prefigurara, se miraban, las cabezas vueltas, uno en busca del otro, y se besaron entonces. Jenofonte sintió un ligero soplo mezclarse con su aliento. Ella circundó sus tetillas con la punta de la lengua. Desamarró su toalla y descendió hasta besar y lamer su sexo. Tan segura osadía contrastaba con la actitud titubeante del Jefo, temeroso de que la Récamier desapareciera si él hacía algún movimiento declarado. No obstante, la alzó en sus brazos vigorosos y la puso de cuclillas sobre él. Ávido de deseo intentó poseerla, pero su miembro oscilaba en el espacio, latiendo vacilante, sin encontrar la herida. Tras un espasmo, se vio eyacular solitario, sin acertar. Perdóname, dijo con pena casi grotesca, mientras sentía la tibia rozadura sobre su pecho desnudo.

Oyó caminar por la azotea y a su padre tocar luego en la puerta. ¿Ya puedes darme el sobre? Sin responder, pesadamente, se secó con la toalla. Se incorporó y encontró el sobre. Fatigado, entreabrió la puerta, que su padre había vuelto a tocar, y se lo entregó. Gracias, hijo. Que los orichas te protejan. Vístete, anda. Jenofonte nada respondió. Recostándose contra la puerta otra vez cerrada, contempló aburrido su cuarto. Sin la Récamier, lo impresionó como algo completamente opaco, carente de esplendor la pielera vacía, amarillenta la luz del bombillo del techo, todo cuanto veía cada noche, cuando ella no estaba. Se agachó a recoger de los mosaicos la reproducción, y casi indiferente la colocó debajo del cristal del velador. Tirado en la cama, ovillado como un feto, parecía haber dormido mucho tiempo, aunque no había dejado de estar despierto ni un instante.

¿Qué tal lo he contado, Licino?

Tras la pregunta de Jenofonte hubo un silencio. Si la pregunta estaba formulada directamente a Licino, enlazaba a los demás, que se sintieron también implicados. Era evidente: la historia del reclinado arribaba a su conclusión. Del banco de piedra, en el que sus amigos empezaban a adquirir una presencia, perdiendo la neutralidad y el silencio, le llegó al Jefo una risita divertida. Era la voz aguda y un tanto femenina de Licino. Has hecho un relato excelente, dijo cuando la risita cesó. Lo contaste como nunca. ¿Por no dormirme o porque ustedes no se durmieron? No es a ti al que toca acostarse, sino a él, Licino tartamudeó y señaló a Filonús. Es la última posición que nos queda, afirmó Actité. Después de un breve espacio de tiempo, durante el cual Filonús reapareció, hacia adelante el torso y mirándolos a todos con lentitud, me acostaré lo mejor que pueda, prometió decidido.

17

Esta vez no le ocurriría a Filonús lo mismo que en el momento en que le tocó hablar de la papaya. Por el contrario, se sentía dispuesto y entonado, y ningún prejuicio, ante la presencia de Actité, obstruiría el desarrollo futuro de su discurso. Esta vez, además, se sentía capacitado para recordar sin ayuda del Aguafiestas, el que, recostado en el árbol, continuaba en un letargo, desdibujándose, sin su ayuda y sin que le fuera menester expresarse mediante él, ni con su espléndida voz, según sucediera en La Torre de Marfil. Ahora se encontraba a cielo raso, bajo la bóveda sorprendente de la noche, ya en su postrimería, sorprendente por su manera de acoger. Pensó que si abandonaba el banco y se ponía de pie entre ellos y el Aguafiestas, surtirían sus palabras mayor efecto. Así lo hizo, y observó persistente a sus amigos, creando con ello una corta expectación. Les mostró sus grandes dientes puntiagudos, dispuesto a pegar un salto de gimnasta, abrió los brazos y las manos, y separó los dedos. Comienzo a perorar, dijo de pronto. Impulsivo, excelente contrincante, experto en réplica, el joven Filonús tenía el pelo fuerte, resistente y extrañamente encanecido. Como los santiagueros que se respetaban, vivía en La Habana, que era siempre para él La Capital, pronunciada con mayúscula y subrayando. Tras su corto exordio, prosiguió con vehemencia contenida.

Si triste es estar, según criterio de Jenofonte, recostado en la pared y falto de compañía durante una fiesta, en mi adolescencia acostarme era lo más desolado que me podía pasar, y decir "hasta mañana", lo más espantoso. Sus oyentes prestaron atención: el discurso del santiaguero resultaba de repente una lástima: al designarle el turno del acostado, creyeron que, realizando una elección errónea, habían cometido una equivocación. Filonús parecía rechazar dicha posición y carecer de experiencia sobre ella. Continuaba por lo visto siendo imprevisible en sus reacciones. Desde que Actité se refiriera al estar sentada, recordando el modo en que se sentaba su madre, incluidas las historias de Licino y de Jenofonte, sólo les interesaba la posición en sí misma, y sólo en cuanto se correspondía con las cosas, estableciendo un nexo, como en este caso, con los muebles que la generaron. Habían pasado, hablando, de la silla al diván, e inesperadamente Filonús manifestaba cierto desinterés por la cama. Medio decepcionados le oyeron continuar.

Cuando decía "hasta mañana", anulaba las posibilidades acumuladas durante el día, y que en mi adolescencia creí y sigo quizá creyendo en este instante, se cumplirían al fin en el transcurso de la noche. La noche heredaba las posibilidades diurnas, el germen de todas, y en ella iban a florecer. Y de repente, en presencia de su tía y de su padre, debía decir "hasta mañana", saludar y despedirse, despedirse de las posibilidades a punto de convertirse en realidades, caminar a su cuarto y sepultarse, semejante a un cadáver, en la cama, y en las tinieblas. La noche proseguiría sin mí, las cosas se revelarían sin que yo estuviera, y necesitaba estar despierto, no perderme nada de cuanto podía ocurrir. Compadres, no se rían, ni sonrían siquiera, pero a esta etapa de mi vida debo el ansia inexplicable por lo ignorado y una abrumadora preocupación por lo que pudiera suceder a través y durante las ocho horas en que me encontrara, obligatoriamente, dormido.

Ocho horas perdidas. ¿Quién iría a devolvérmelas? Ocho horas que le habían robado y que jamás recuperaría.

¡Y qué cosa extraña ese "hasta mañana"! Era una especie de suspensión, y nadie se hallaba capacitado para garantizar que existiera un "mañana", y las cosas en él volvieran a reanudarse. Acostarse era la manifestación de un acto de confianza excesiva. ¿Confianza en quién o en qué? Cerrar los ojos era un hecho indudable, y abrirlos de nuevo, solamente una hipótesis. Y mientras no los abría, terminaba de pasar un día más, y él, como muerto sobre las sábanas. ¿Qué contaba su padre? ¿De qué hablaba su tía con los vecinos, reunidos en la sala, sin ir a acostarse ni despedirse? Ciertamente, alguna cosa admirable tendría que estar aconteciendo, alguna felicidad pasaba cerca de su cama y, hallándolo tontamente ciego, sordo, virado de espaldas, se alejaba.

"Hasta mañana." Cuántas argucias y disimulos con el fin de demorar la llegada de ese instante fatal. Filonús comenzó a representar las cosas que hacía para retrasar en lo posible su partida. Se paró, al mencionarlo, debajo de una farola del parque, pareció sujetar un libro, hojearlo y leerlo, habló con la voz de su tía, se puso la mano en la boca como si voceara. Cada noche permanecía un lapso más largo al pie del farol de la esquina de su casa, conversando con sus amigos —ellos tal vez también se retrasaban—, esperando que la noche reinara absoluta. Demorarse era lo esencial, aunque se dijeran, mientras tanto, sandeces, o se quedaran callados e inertes. Asomada al portal, su tía lo llamaba para que volviera a la casa y se acostara, tendría que levantarse temprano para ir al colegio, y Filonús continuaba impertérrito con la conversadera, simulando no haberla oído, o le contestaba desde la esquina, ya voy, ya voy, sin moverse de su lugar. Acuéstate, tía. Yo lo haré después. Y el "ya voy, ya voy" se repetía varias veces en la noche. Otras, sentado en la sala o ante la mesa del comedor, fingía estar abstraído en la lectura del libro de historia o que sacaba cuentas inclinándose sobre la libreta escolar, como un muchacho aplicado. Su tía lo rondaba sin ruido y terminaba diciéndole, en una de sus rondas, que la cama estaba lista y que su padre ya se había acostado. Es tarde, sobrino. Y yo, indeciso, sin pronunciar la despedida irrevocable, remoloneando como un gato, más interesado en escapar al tejado que en echarme a dormir. La tía se iba a la cocina, daba otra vueltecita y comenzaba a cerrar la casa. No te demores, le decía. En esos cinco minutos últimos podría presentarse el acontecimiento desconocido. Con frecuencia, esos cinco minutos se convertían en veinticinco. Tenía que levantarse al fin, cerrar el libro y la libreta, dar por terminado el asunto. ¿Qué hacía entonces? Una acción en apariencia carente de sentido, después de tanto retraso: semejante a un nadador que desde el trampolín contempla por largo rato el agua sin decidirse y que, repentino, se lanza de cabeza, tal vez avergonzado por su prolongada espera, así de repentino me metía en la cama. O mejor: me lanzaba, despidiéndome con un "hasta mañana" ahogado, que tía lograba apenas percibir.

Fue ella la que anuló estas demoras.

Filonús tenía varios meses de nacido cuando su madre murió. Mi tía, hermana carnal de mi madre, me crió y mandó a la escuela. Naturalmente, a mi madre no la conocí. Se convirtió con el tiempo en dos palabras, "tu madre", que mi tía pronunciaba muchas veces durante el día y también en la noche, como punto de referencia y de comparación. "En eso te pareces a tu madre." "Procura hacer lo que tu madre hacía en esos casos." Cuando me comparaba de tal forma, sentía miedo. ¿Cómo parecerse y cumplir las indicaciones de una muerta? Para su tía era diferente. Ella y mi madre se habían tratado como seres vivos, convivido, escuchándose y viéndose. A su tía le gustaba, o lo necesitaba quizá, compararse con su hermana, tal vez equipararse. Tanto hacía esto, que llegué a creer por un tiempo que eran mellizas y habían nacido juntas. En verdad, lo supe luego, no ocurrió así. Tía nació dos años después.

Se detuvo. Extendió un brazo y unió el índice con el pulgar, formando una especie de círculo en el espacio. Sus oyentes, removiéndose en el banco, manifestaban cierta impaciencia ante lo que consideraban una digresión flagrante, y Jenofonte expresó su temor de que el relato de Filonús fuera tan largo como había sido el suyo. En un rápido tartamudeo dijo Licino que confiaba en que la narración de su amigo no empezara por el Génesis. Sin hacer caso, con ademán impetuoso, nuevamente oyeron la entonación subrayada del santiaguero.

Para llenar con algo el vacío que la ausencia de mi madre dejara a su alrededor, mi tía solía mostrarme, cuando mi cara patentizaba el desencanto por la reducción de una persona a dos palabras, varias fotos en las que aparecía una mujer, bastante linda, con pelo negro y ojos grandes, que tía afirmaba había sido mi madre. Como yo no la conocí, ni la vi ni la oí hablar, esas fotos me impresionaban como el mensaje de una sombra que no acababa de encarnar, no miraba a nadie ni sonreía a nadie, y sólo lo hacía, o lo hizo, por sugerencia del fotógrafo, quien la animó a mirar y a sonreír un segundo antes de que ardiera la luz del magnesio. Nunca Filonús llegó a creer que mostrarle las fotos fuera suficiente. Los ojos grandes y el cabello —su tía lo reputaba negrísimo pelo de "mora"—, en un papel de brillo, tras la desaparición del cuerpo, no podrían jamás llenar el vacío. Descubriría luego que, de manera mucho más desdichada, a papá le sucedía lo mismo. En casi nada, por no decir en nada, se parecía mi tía a su difunta hermana. Era fea, sin encanto físico, horribles la nariz, prominente y deforme, y la boca sumida, de labios imperceptibles. Boca de miserable, Filonús oyó una vez decir a la vecina. Tal opinión lo llevó a comprender pronto que la cara no era el espejo del alma. Tía fue conmigo, y con papá por igual, el arquetipo viviente de la generosidad. Acalló su instinto sexual de mujer y no se apartó de nuestro lado. Si fue evidente que contados hombres, o tal vez ninguno, la desearon, tampoco lo añoró, y permaneció soltera el resto de sus días.

Daba su tía suma importancia a las comparaciones. O con mayor exactitud: a una comparación, en singular, la que efectuaba entre ella y su hermana muerta. Según contó ya, realizaba esta comparación con inflexible, incluso misteriosa, insistencia. Al menos parecía tocar un misterio, algo inexorable. Me hacía pensar en que una suerte de fatalidad, a la que ella llamaba "desgracia", debió de regir su nacimiento, y sin fatigarse la increpaba, exigiéndole explicaciones, una razón, a la desgracia o al destino, términos equivalentes para mi tía. Lectora apasionada de biografías de mujeres célebres —siempre que hubieran sido feas—, de las memorias de Lola María y de las cartas de Madame Du Deffand, le faltaba formación filosófica. Miraba las fotos, e incluso parecía mirar el recuerdo de su hermana, como quien se mira en un espejo doble, si puedo con el permiso expresarme así, o espejo dúplice, usando un adjetivo gustoso para el Aguafiestas. A propósito, encuentro cierta similitud entre mi tía y el Jefo, en cuanto a la relación de ambos con un retrato o varias fotografías. Cautivo de un don inesperado en él, y en el tono de su voz había un dejo irónico, fue contada esa relación por Jenofonte durante varias horas, con prolijos detalles. Percibió y aceptó Jenofonte la ironía instantánea de Filonús, complacido de haber causado algún efecto en su amigo, contribuyendo, sin proponérselo y mediante un juego de similitudes digno de Aristarco Valdés, al conocimiento de la persona de su tía. Todos habían escuchado cuanto le sucediera a Jenofonte, en los comienzos de lo que por sí mismo llamara "su trato" con el cuadro de la Récamier, y de modo semejante, las fotos de la hermana permanecieron detrás de las pupilas de la tía de Filonús, y a las mujeres, amigas o simples vecinas, las veía como a través de esas fotos póstumas. Si me disculpan la pedantería, diré que llevaba puestos mi tía un par de espejuelos valorativos. Por intermedio de ellos las comparaba, juzgándolas.

Para ella, no obstante, tales mujeres casi carecían de interés. Juzgarlas era un género de adiestramiento, la mayoría de las veces divertido. Solía empezar por él, y luego, a medida que avanzaba, se tornaba sombrío, un extraño trasiego, y pasaba a compararse con su hermana. Al principio, riéndose burlona, sin acritud, llamaba a su sobrino para darle participación en el ejercicio, en su primera parte, como igualmente lo haría al finalizar. Me convertí en su testigo. Aunque yo no hubiera visto viva a mi madre, era su hijo, sangre de su sangre —una expresión favorita de mi tía—, y aquello me otorgaba el privilegio de participar en la controversia. ¿No se trataba de controversia, de un dilema? Filonús se le unía en el portal y, uno al lado del otro, se dedicaban a ver pasar a las mujeres por la calle. Únicamente a ellas, el aspecto de los hombres no preocupaba a su tía. Detrás de sus fantasmagóricos espejuelos, igual que hacía Jenofonte con los suyos, calibraba a las mujeres. Medir, nivelar, calibrar: léxico exacto. Mira a ésa, sobrino, el pelo en burujones semejante a un monte. ¿Eso te parece bonito? A tu tía, un horror. No te la pierdas, mírala ahora de espaldas: el burujón le llega a la cintura. Y camina como dueña del mundo, con esa cabeza que está pidiendo cinco horas de tijera. ¿Quién le regalaría esa hilacha a la otra piruja que viene caminando? ¿A quién echarle la culpa de tal verruga? No la miremos demasiado, puede darse cuenta. De memoria conozco que tiene un pelo negro en mitad de la verruga. ¿Quién le regalaría esa hilacha? Pobrecita, ni siquiera lo sabe, y camina detrás. Diviértete, sobrino, con aquella luminaria que está doblando la esquina. ¿Notas algo? Le falta una parte, fíjate. Sí, mi niño, nació con un brazo más corto que el otro. Si miras bien a la vestida de verde, bella de un pronto, si la calibras, dijo súbitamente Filonús, como si el verbo fuera utilizado en realidad por la tía en su época, si la calibras es patizamba, y anda parecida a esa gente que tiene flojas las piernas.

Ya sus oyentes habían notado cambiada la voz de Filonús. ¿Remedaba acaso la propia voz de su tía? Afinado, su vozarrón adquiría inflexiones femeninas, un tono de delicadeza un tanto caricaturesco, que molestaba a Actité. Lo veían sus amigos andar poseído por el recuerdo de la tía que, aunque ya fallecida, cualquiera de ellos podría creer que volvía a vivir y se encontraba presente. Filonús se detuvo a su vez y, semejante al que se asoma a la calle, pareció acodarse en la baranda invisible de un portal santiaguero. Bella era mi hermana, dijo reproduciendo otra vez la voz aparente de su tía, y quizá algún gesto que ellos fueron incapaces de reconocer. El calibre de su belleza resultaba difícil de medir con el de otra mujer. Yo, mi tía —habló de repente con su vozarrón—, la contemplaba alelada, y recuperó el tono anterior amujerado. ¿Quién o qué la hizo perfecta, tan desarmante? Su belleza era de tal índole que nadie se acostumbraba a verla. De la cabeza a los pies, cada región de su cuerpo se acompañaba al unísono con la siguiente. El cuello con los hombros en una continuación maravillosa, los brazos encajados a la perfección. Los senos se disolvían en el vientre, y éste se enlazaba a las piernas sin interrupción alguna, sin nada abrupto, de modo tal que debía, para apreciarlo, observarse deliberadamente: tanta finura había en la realización del engarce. Pero, mi niño, pese a esta abundante perfección, donde el esmero natural lindaba con la filigrana, en la belleza de mi pobre hermana muerta, era en las manos y en los pies, que semejaban remedos entre sí, completando los armónicos acordes finales. Ni sobresalían las muñecas, al entrar la mano en el brazo, ni los tobillos se dejaban ver al articular la pierna con el pie.

Siguiendo el criterio de tía, Jenofonte habría adorado los pies de mi madre, de haberla conocido, manifestó Filonús cortando su representación. ¿Eran grandes o chicos?, indagó el Jefo. Mamá, por boca de mi tía, fue una belleza menuda. Entonces cabrían sus pies en mis manos, y Jenofonte pareció recibirlos, como en una de sus figuraciones. No los aprietes demasiado, le dijo Filonús, y Jenofonte replicó que eran inconcretos y sin forma, solamente chicos. Más que sentirlos, habrá que presentirlos, precisó. Y Actité, sin ánimo de compararse, resaltó que sus pies también eran pequeños. Los tuve hace un rato sobre los míos, recordó Jenofonte. Piensa en algún pie chico que te haya gustado, sugirió Licino interviniendo, y los tendrás en la mano, Jefo, aboliendo el vacío. Estarán presentes y estarán ausentes, como todas las cosas que nos rodean. ¿Qué te parece la ocasión? Jenofonte continuó absorto, sin responder. Yo creo que no tendrás que ir muy lejos: piensa en los pies de Actité, tan hermosos, propuso de inmediato Filonús, haciendo una confesión que lo conmovió.

Súbito sobrevino un silencio, durante el cual alcanzaron a oír derramarse el agua en la taza de mármol de la fuentecita. La tenían delante, en uno de los parterres del parque.

Si éramos hermanas carnales, hijas del mismo padre y de la misma madre, engendradas con el mismo semen y en idéntica vagina, dime, sobrino, y perdona a tu tía que se deja ganar por la desesperación y se expresa en forma indecente, pero dime, ¿por qué fuimos tan distintas tu madre y yo? Volvió a atiplarse la voz de Filonús y regresaron gestos y ademanes indescifrables, que sus oyentes decidieron atribuir a la tía difunta. Se repite la posesión, susurró Jenofonte. Tendré que pedirle a papá que le haga un despojo. Dime, sobrino. Te formulé esta pregunta cuando eras pequeño y te la hago ahora cuando eres mayorcito: ¿qué respuesta encuentras? ¿Por qué me pasó, y no a tu madre? No fui yo la elegida, la bella, la turbadora, que hacía temblar y obedecer y enamorarse de un golpe a cuanto ser viviente la miraba. Ser su hermana, y que la gente lo supiera, me enorgullecía. Ufana, altiva, caminaba por la calle a su lado, siendo jovencitas y ambas solteras, cuando ella aún no había escogido al que sería tu padre, no tenía novio y tenía decenas de admiradores. Si me sentía orgullosa, igualmente, y con alguna frecuencia, sentí mi alma lastimada. No envidiaba a mi hermana, sobrino. Era una cosa distinta, más peligrosa que la envidia, por insoluble. La convertía, para aclarármela, en una pregunta, de la que jamás alcanzaba respuesta. Quizá no la tuviera ni existiera tampoco la cuestión, y yo solamente era una tontuela, con un cerebro de mosquito. Pero no podía evitarlo. La voz de la tía —o la de Filonús— elevóse bruscamente, ¿qué Dios o qué demonio, sin consultarme, me designó la fea de la familia?

Cogió al sobrino del brazo, lo condujo imperiosa por el pasillo y lo empujó dentro del cuarto de la madre. Sin soltarlo, haló una gaveta de la cómoda y sacó la caja en la que guardaba las fotos de la hermana, conminándolo, siéntate en la cama, y lo soltó entonces dándole un empujón. Siempre que podía evitaba Filonús entrar en el dormitorio y acercarse a la cama en que, según su propia tía solía decirle, falleció su madre, y esta vez sin embargo tuvo que obedecer, pero se sentó en la punta de la cama y con cierta aprensión. Aproximándosele luego, su tía entreabrió la caja. Saca una, le dijo. No veas las demás. Ni escojas. Si hay un destino, como en mí es manifiesto, tú y yo jugaremos al azar. Sin mirar al interior ni apartar de la tía los ojos asombrados, extrajo Filonús una foto. Con un movimiento rápido, impidiéndole verla al menos un instante, ella se la quitó, y a Filonús le pareció haber tenido en la mano un reflejo. La tía alzó la foto y, pegándola por el borde a su propia cara, la sostuvo de esa manera. Compáranos, sobrino. Éramos hermanas carnales, no lo dudes. Filonús comprendió que habían llegado a la porción sombría de las comparaciones. Se encontraban en el final, el más doloroso tal vez para su tía, y miraba ambos cuerpos unidos sin saber qué opinar. Su tía tampoco pretendía obtener confirmación ni una opinión siquiera: tan sólo se proponía ser oída. Filonús estaba seguro de que no se fijó en la foto que él sacara, como si todas las que atesoraba en la caja las conociera de memoria. ¿No te asusta mi nariz?, lo interrogó con acento inusual en ella, entre angustioso y de mofa, manteniendo la cara de la hermana pegada a su cara, semejante al fiscal que enarbola una prueba irrefutable. Si nadie se acostumbraba a la belleza de tu madre, nadie, ni yo, se acostumbra a mi fealdad. En esto fuimos iguales. Como los ángeles, especie única.

Para abundar en su "desgracia", convertir en absoluta su comparación, volvió la cabeza en busca de un espejo y se paró ante el de la coqueta, bastante grande, bien azogado, escrutándose despreciativa. Trató con un dedo de elevarse la nariz, que casi le caía en la boca. Inútil, inútil, gritó al espejo, y a Filonús se le figuró un quejido. Movió los labios, se los mordió y les ordenó salir. Inútil, inútil, volvió a exclamar, sin apartarse del espejo. Filonús recordó la opinión de la vecina, "boca de miserable", avergonzándose enseguida por recordarla.

Abuela, dijo su tía y se alejó del espejo, quitándose la foto de la cara, abuela, a la que apasionaba reírse de mí —llamaba a su nieta "la extraña"—, cuando me veía preocupada rodar por la casa de un espejo al otro, me recomendaba dormir bocarriba, inmóvil, atado a la nariz un cordel, tensa la punta sobrante y amarrada a la cabecera de la cama. Para la falta de labios, ponerme calabaza caliente. En la entonación de mi tía —Filonús de pronto volvió en sí, usando su propia voz— vibraba un murmurío de llanto estrangulado en la garganta, que ella impedía asomar a sus ojos. Guarda la prueba, sobrino, dijo tendiéndome la foto. Deseoso de que el ritual concluyera, la metí en la caja y la tapé.

No supe qué responderle. Cuando ella se conducía de tal manera, transformándose, se convertía en una mujer diferente. Estaba entonces poseída por un demonio, súbitamente habló el Jefo. Ella también necesitaba una limpieza. ¿Por un demonio?, indagó Filonús con inesperada ingenuidad, y movió la cabeza dubitativo. ¿Por un demonio?, más bien repitió para sí. Al menos que fuera el *daimon* socrático, hacedor de preguntas. A mí, lo confieso, su actitud me sacaba de quicio. Si era fea, lo que resultaba manifiesto, diría ella, yo no la juzgaba repulsiva, y la quería, pensando que su falta de belleza no me importaba. Ella era, en verdad, mi única madre. Hubiera dado cualquier cosa por ayudarla y curarle su desesperación. Después de tapar la caja, se me acercó. La noté más serena, como el que empieza a calmarse. La desesperación de mi tía implicaba una actividad, actividad que la inducía a abandonar la imagen doméstica de la persona que nos cuidaba y atendía con devoción, y a trocarse en una mujer insatisfecha, sin sosiego, a ratos acerba. No me duele mi fealdad, sobrino, lo que me deja el corazón deshecho es ignorar el porqué. Te digo: "es una desgracia", y supongo, al calificarla, que carece de explicación o de razón. De razón, sobre todo. Si dijeras, y fuera tu respuesta, que Dios me hizo nacer así, la cadena de mis preguntas no tendría término. Lo increparía hasta la muerte, y después de muerta, esperaré que finalmente me dé una explicación en la claridad de su reino. En tanto eso no llega, tu tía se siente, en ocasiones parecidas, abandonada de Dios. Tomó la caja de la cama, donde yo la pusiera hacía poco, y la devolvió a la gaveta de la cómoda. Encima había una lámpara, y sus cristales tintinearon al cerrar la gaveta. Iré a leer un rato la biografía de Cristina de Suecia, y echó a andar hacia la puerta de la habitación. Era esta reina una mujer feísima, de hombros disparejos, defecto que sus modistos disimularon con gran habilidad. Alguien de la corte, para eludir su fealdad, le hizo un cumplido: "lleva los guantes mejor que nadie".

Me levanté de la cama y salí tras mi tía. Ni por un segundo iba a permanecer solo en el cuarto de la difunta.

Por largo tiempo mudo, arrepentido de sus varias intromisiones, Licino prestó cada segundo una atención creciente al relato de Filonús. Preso de sus palabras y de su representación, la tía revivía y echaba a andar por una casa imaginaria, de patio y pasillo, y entraba en una habitación que Licino trazaba, como hiciera Jenofonte con la de la Récamier, poniendo una ventana en el lugar donde no la había —¿cuándo, en qué punto del espacio?—, un espejo y una cómoda —¿relucía el espejo bien azogado? ¿Era la cómoda parecida o igual a una que poseyó su madre cuando él era un niño?—, que la tía cerraba —¿con un movimiento parecido o igual a uno que él mismo hacía al cerrar la del cuarto de su madre?—, dando por terminado el asunto. Pero no había terminado. Realmente carecía de término y de final. ¿O su final eran la muerte y la ausencia de preguntas? Veía Licino a la tía de Filonús —¿la veía o más bien la inventaba?—, con su inquietud sin respuesta.

Existían tantas fealdades y tantas diversas bellezas. ¿Cómo, durante su existencia, fue esa fealdad, la nariz deforme y esa boca sumida? ¿Con qué compararlas, siguiendo el ejercicio de la tía? ¿Sumida, cómo? ¿Deforme, cómo? Atraído, aguzaba el oído Licino, sin permitirse una pausa ni una distracción. Atendía de un modo insólito, casi doloroso. De la boca de Filonús surgía, cuando ellos lo designaron —exclusivamente— para que narrara su experiencia de tenderse en la cama, tan sólo eso: una simple posición, surgía ese asunto inesperado de su boca y del resto del cuerpo, dándole forma a la preocupación de una muerta, preocupada a su vez por la belleza de otra muerta. Cuántas inexistencias los rodeaban esa noche, a él y a sus amigos, y al propio Aguafiestas, recostado en el tronco del árbol y silencioso. ¿Acaso era él también una más de esas inexistencias presentes, con su manera de estar y de no estar? Se repetían los nexos inusitados y las contaminaciones. ¿A quién se pasaba él, mientras hablaba Filonús? El pasaje invisible, el arco voltaico, igualmente invisible. ¿De qué otra forma, más exacta, expresarse, utilizando palabras? ¿No eran eso, palabras, la cómoda y la nariz? ¿No era una enorme palabra la tía misma?

Con toda la fuerza de su deseo, rogó, imploró callado que nada interrumpiera el relato de Filonús, la creación de figuras que desplegaba, casi mágicamente, ante su mente fertilizada y sus pupilas ávidas, que ni un transeúnte extraviado se acercara al banco. Se mantuvo tieso sobre el duro mármol, con las nalgas acalambradas por el tiempo que llevaba sentado. Su cabeza se apartaba de las cabezas de sus amigos y avanzaba hacia Filonús en busca de su voz, o de sus voces diversas, y de la expresión de su cuerpo flexible y poseído —según dictamen de Jenofonte—, inclinando el tórax y sin que nada, no obstante, denotara su devoradora curiosidad, atendía Licino y simulaba no atender. Miraba de pronto a Jenofonte y después a Actité, para cerciorarse de que no había sido descubierto.

Por un instante pensó que a ellos podría ocurrirles lo mismo que le estaba ocurriendo a él: entonces serían iguales o se pasarían, por ese pasaje invisible o arco voltaico, los unos a los otros.

Sin embargo, para él existía una salvedad: la predestinación. De las cosas que llamaron su atención en el relato de Filonús, ésa era la primera, la importante, también la más misteriosa, la que lo afectaba con mayor profundidad, llegando a turbarlo. Esa la mencionaría, dado el caso, en segundo lugar. Necesitaba ocultar, o mejor, ocultarse. ¿No era él un predestinado? Temía, pese a la intensidad de su relación con el resto de sus amigos, el reproche, la existencia de algún prejuicio escondido, solapado. La otra cosa, que Licino formularía en primer lugar, como si fuera en realidad la más importante, consistía en una especulación sicológica sobre la vocación de Filonús.

Para cualquier freudiano, dijo con el habitual tartamudeo que lo acometía cuando empezaba a hablar, para cualquier freudiano, reiteró enderezando el cuello, ortodoxo o heterodoxo, que está más a la moda, resultaría ostensible encontrar el origen de tu vocación fotográfica en estas sesiones de tu tía con las fotos de su hermana. Sin duda, tu vocación tuvo un origen traumático, y Licino sonrió. Filonús parecía —momentáneamente— cansado, y nada respondió a esta observación. ¿Cuándo te colgaste la camarita en el cuello?, inquirió Actité, sin mirarlo y haciendo girar uno de sus varios anillos. Filonús, algo recuperado, contestó que no se hallaba interesado ni dispuesto a sicoanalizarse. Para mí no hay más diván que el diván de la Récamier, y dedicó a Jenofonte una mirada de connivencia. Sin embargo, y debido a la atracción secreta que sobre él ejercía Actité, retomó su pregunta. De muchacho empecé a tirar fotos y no he dejado todavía de hacerlo. Tras esa deferencia, oyeron a Licino reanudar el interrogatorio. Interrogó sin vacilar ni balbucir, abolida en apariencia la emoción que el tema le produjo. ¿Creyó tu tía en la predestinación?

Imperó un silencio alerta y nadie habló por un rato.

Después, espoleado por la cuestión que planteaba Licino, Filonús se esforzó en anular su cansancio o tal vez el principio de una etapa, casi momentánea, de evaporación, parecida a las que acometían al Aguafiestas. Emergió como del interior de una cámara oscura, resbaladizo y torpe, untado del líquido materno. Lo auxiliaron sus interlocutores, mirándolo, pensando en él, con el deseo de que hablara, volviendo a ser. Caminó y gesticuló, imperioso, vehemente, y sonrió, al parecer burlándose de la anticuada preocupación de Licino. Éste temió por un momento que adivinara su oscuro temblor resguardado ante el tema, o más bien, ante un tema que se le había convertido en lacerante inquietud personal. Riéndose francamente, dijo Filonús que Licino, al usar el anacrónico concepto teológico de predestinación, intentaba colocar a su tía en el siglo diecisiete. La vi representando un auto sacramental o una comedia de Tirso. Ya lo dije, no era una filósofa, y menos una teóloga. Hubo en su existencia un acontecimiento que no pudo soportar: el descubrimiento de su fealdad. Era inagotable sobre esto y de una lógica terrible. Cuando se tienen nariz y boca como las mías, no se puede aceptar el hecho sin protestar. Así resumía la cuestión. ¿Cuándo lo descubrió? Filonús no podría confirmarlo, pero tuvo que descubrirlo en plena juventud o tal vez antes, en la temprana adolescencia. Su furor partía de este descubrimiento, y sentirse distinta a su hermana y en oposición, partía de ese descubrimiento por igual.

Es posible que ella, y en esto Licino tendría razón, me doy cuenta ahora al pensar en su pregunta, como se da cuenta alguien tras una suspensión de lo habitual, y lo habitual en este caso era ver a mi tía inconforme con su cuerpo, me doy cuenta ahora de que ella estimaba su fealdad como un destino, algo que, sin su consentimiento, le había caído de alguna parte. Parte desconocida, y en la que, por tanto, no podría entrar para exigir explicaciones. Lo que hizo singular a la tía de Filonús, residía en el hecho de negarse, mientras vivió, a soportar con resignación ese destino inclemente. Por el contrario, se precipitó en él con rabia, y jamás aceptó su fealdad ni la reivindicó. ¿Cómo y con qué iba a legitimarla? Después de escuchar la pregunta de Licino, se dio cuenta Filonús de que algo le faltaba por conocer sobre su tía. ¿Creyó en la predestinación de su fealdad antes de que naciera? Nunca podré ya confirmarlo. Sin embargo, algo se le destacó con claridad: la predestinación implicaba partir de la creencia en un cosmos organizado y en un Dios como fundamento, en uno o en varios. A su tía nunca la vio asistir a misa, hacer brujería, santiguarse o encender velas. Las paredes de su cuarto estaban desnudas: ni un crucifijo ni la imagen de un santo, y sobre todo, ningún espejo. Ella durante su vida se peinó al tacto y se pintó la boca sin mirársela. Como su intelecto iba a la zaga de su sensibilidad, tropezó con el problema, y lo vivió y lo revivió sin intelectualizarlo.

Quiero sobre mi tía decirles una cosa, que acaba de hacérseme patente, y que hoy me es dado interpretar. Cuando se refería a la fealdad, y a su contrario la belleza, alzaba la mano en el espacio y parecía cortarlo en dos, apartando radicalmente ambas categorías. Su brazo las aislaba de un tajo, en un dualismo sin remisión.

Aunque en su adolescencia aceptó Filonús esta separación concluyente, sin discrepar del criterio de su tía, comprendió más tarde que ella separaba y aislaba la belleza de la fealdad con el fin premeditado de gozar la diferencia, haciéndola suya, y para permitirse a continuación impugnarla. Su comprensión lo indujo con el tiempo a establecer una suerte de relación creciente entre ambas categorías aisladas, y empezó a descubrir ciertas convergencias o conjunciones, o más exacto: momentos en que se diluían una en la otra. Raras veces su tía avanzaba descuidada de sí misma por la casa, o se sentaba a leer las cartas de Madame Du Deffant, abandonándose a la lectura, cerca de una ventana abierta. Pero cuando tales ocasiones ocurrían muy de tarde en tarde propiciaban a Filonús encontrar la luz, el encuadre acertado, revelador, pues a esa edad ya miraba el mundo como fotografiable, y sólo estas veces de descuido involuntario le propiciaban contemplar a su tía. ¿Dejarse mirar? Sólo de soslayo, jamás de frente, con fijeza ni continuidad. Filonús buscaba estas oportunidades singulares disimulando, aguardando que olvidara su fealdad por algún tiempo.

Fue en el curso de tales oportunidades que comenzó a notar menos concluyente el dualismo. Influido por su maniática pasión de comparar, comencé, siempre que podía ver las fotos de mi madre, a compararlas con la realidad de mi tía. Reconocí que tenían, en algo, que no sabría determinar, un parecido. Sin mucha precisión podría decir que su tía era la fealdad detrás de la belleza sin formar, como en un bloque de piedra estaba dentro, antes de que el escultor la sacara con golpes de cincel, la belleza escondida. Miró a sus amigos, un tanto aturdido. Le pasaba, por primera vez, lo que a Jenofonte: luchaba por expresarse, sin conseguirlo. La metáfora del escultor y la piedra no resultaba del todo válida. Demasiado distante de cuanto aspiro a decirles, me confunde y desconcierta. ¿Distante o demasiado dura?

Eso: muy pétrea. Veía yo esa diferencia, por contraste, fluyente, transcurriendo entre las dos. Quizá si apelara a la noción "tiempo", haría inteligible la sensación. En rigor no pasa de ahí, de ser una sensación. Si aplico la noción mencionada, como demorada al nacer, me impresionaba la fealdad de mi tía. Para mí permaneció, y servirá el ejemplo de la figura de cerámica a la que dan en el horno más tiempo de cocción del necesario, permaneció mi tía más tiempo del necesario en el útero de mi abuela. Con la belleza de su hermana sucedía lo opuesto: nació a tiempo, ni antes ni después. Y de no suceder, habría nacido fea. También, y se me ocurre ahora, sería plausible al revés: que tía nació anticipadamente, sin tiempo para la cocción. Puestas una al lado de la otra, mi tía junto a mi madre, estaban a punto de haber sido igualmente feas o igualmente bellas.

Fue Actité quien preguntó si nunca había retratado a la fea.

A ella no le hubiera ofendido, ni siquiera molestado, esa franqueza tuya. Aunque parezca contradictorio, a veces podía referirse a su físico con gran desenfado, incluso risueñamente. Solía decir que, como la hoja de la yagruma, tenía reverso. La primera cámara que tuvo Filonús se la regaló su tía, una camarita que era casi un juguete. La recuerdo con cariño. La guardé cuando dejó de servirme, y luego, al mudarme para la Capital, se extravió y nunca volví a verla. Pronto aprendí a tirar fotos con ella. Al regalársela por su cumpleaños, tal vez la tía no previó que ella iba a convertirse en el objetivo fotográfico de su sobrino, y cuando le dijo que estaba listo para retratarla, sufrió un disgusto y montó un berrinche. Conociéndola, él no insistió. Dejó que pasaran varias semanas, durante las cuales continuó tomando fotos a bañistas en la playa, a transeúntes por la calle, o en el patio de la escuela, a condiscípulos y jugadores de balompié. Si lo sorprendía con la cámara en la mano, la tía se refugiaba en su cuarto o se tapaba la cabeza con un cartucho.

Sin yo esperarlo una tarde se me acercó, y con aire sibilino me dijo, estoy lista para que me retrates. Se había puesto su mejor vestido, un traje azul que le llegaba a los tobillos, y ella, que jamás se pintaba, tenía pintados los ojos y las pestañas, colorete en las mejillas, creyón en los labios, y una gota plateada sobre los párpados. En la cabeza llevaba un sombrerito de plumas teñidas en negro con las puntas blanqueadas. Dulce y mansa ocupó el sillón al pie de la ventana, en el que leía a Lola María y a Madame Du Deffant, y apoyando la barbilla en la punta de las uñas perladas, ¿te gusta esa pose?, le dijo al sobrino. Él gastó un rollo en retratarla. Cuando las reveles, dame la mejor. Me servirá para compararla con la mejor de tu madre. Te complací, sobrino, y entró en su cuarto para quitarse "los trapos", como llamaba a la ropa. Filonús extrajo el rollo y lo puso en la mesa de la sala. Varias horas después sintió un fuerte olor que venía del patio. Era casi de noche. Su tía quemaba los negativos en una candelada. Estaba vestida como de costumbre, con una batica de andar por casa. Me quedé paralizado, mudo, mirando los negativos chamuscados. Fue ella quien dijo, no quedará una prueba, y se apartó, desapareciendo en la sombra del patio.

18

¿Pero cuándo dejaste de ser remiso a tenderte en la cama?

La palabra "remiso" le hizo recordar a Filonús una frase. No podría reproducirla exactamente, aunque no era impreciso el momento en que la dijo. Actité, impaciente, la aludía al preguntarle, exigiéndole que retomara su compromiso: contarles su experiencia (o relación) con ese mueble al que llamaban "cama". Lo hacía Actité con su vocecita encantadora y frágil, que esta vez sin embargo resonó apremiante. ¿Esa frase no implicaba que algo quedó sin aclarar, carente de conclusión? Esa frase, al igual que tantas cosas durante esa noche, una línea en el discurso de Filonús, permanecía en suspenso. Ni Actité ni el resto de sus interlocutores, tal vez ni el mismo Aristarco, la habían olvidado. Dejar en suspenso la frase y cuanto a continuación debió de pronunciarse, en apariencia garantizaba —¿dónde?, ¿cómo?— la existencia de un futuro. Habría un después, un más tarde. ¿No tenía cierta semejanza esta suspensión con acostarse y cerrar los ojos, creyendo, ingenuamente quizá, que volvería a abrirlos, a levantarse? Su propio deseo de continuar en una dirección el discurso, tras la advertencia que significó esa frase, y el deseo de los otros que lo escuchaban, también esperando que en algún momento retomaría la parte inexpresada, tales deseos buscaban una representación. O mejor, pensó Filonús: crear una especie de realidad, dibujarla, mediante el discurso, en el espacio y en el tiempo. O trazarla, diría Aristarco Valdés, en el viento. ¿Dónde si no? La pregunta y el tono apremiante de Actité, dieron a Filonús una certidumbre: trazado el carácter de su tía, retornar a la frase abandonada y proseguir. Minutos antes u horas antes, ésta anticipó a sus oyentes el hecho: la tía de Filonús fue quien eliminó las demoras del sobrino en acostarse. ¿Después no te lanzaste más de cabeza en la cama?, interrogó nuevamente Actité. Aprendí algo muy distinto: a tenderme, repuso Filonús. Y Actité le pidió, cuéntanos eso.

Sintió Filonús que se hallaba dispuesto a abordar la parte no dicha de su discurso, y la vio claramente, sin verbo y en suspenso, la que Actité reclamaba escuchar, la vio, singularmente ordenada antes de configurarla en (o con) la lengua. Extendió el brazo, como si pudiera apresarla con la mano, tras haberse convertido esa parte inexpresada en una cosa cercana a lo físico, y aproximó la mano a sus ojos, le dio la vuelta, la palma hacia arriba, y entrecerró los dedos: ¿estaría ahí, invisible, en el pequeño espacio ahuecado? Doblado el brazo, dejó la mano en el aire como un ofrecimiento y se dio cuenta, con inesperado saber anterior, que su discurso estaba organizado, al igual que el primero, en dos partes, imposibles de variar. Venía así, fluía de tal modo, ¿de dónde? Le resultó extraño de improviso que Actité no hubiera reparado que, parecido en esto al de Jenofonte, en su relato igualmente prevaleciera el número dos. O tal vez, por esotérica, considerando nefasto ese número, optaba por callarse para no destacar su presencia. ¿El dos no era contraposición, conflicto, la luna opuesta al sol? Y a su vez: ¿no era el oscuro nexo de la pareja, la ligazón de la muerte con la vida? Giró hacia ellos la mano: sus oyentes la vieron tenderse en su dirección, abrirse plena y después descender despacio, moviéndose, como si trazara un rostro contra la oscuridad nocturna. La mano descansó en su cuerpo, y Filonús abrió la boca. De ella salió un ronquido, semejante al de alguien que despierta, y oyeron la voz de antes, empañada al principio, aclararse luego: la voz que debían atribuir a su tía.

Sobrino —semejaba abarcar a Filonús y a los demás—, sé que te acuestas con las ropas del día. Cuando nos acostamos sin desnudarnos ni cambiar de ropa, es tan fácil creer que el sueño sigue siendo la realidad... Si quieres no confundirte, debes quitarte esas ropas y ponerte las de dormir. De cierta manera, las del día conservan el polvo del quehacer y diario bregar. Al ir a acostarme y poner la mano en el primer botón, para quitarme la batica de andar y vestir el camisón de dormir, salgo, al hacerlo, de la mitad de mi vida, y me dispongo a entrar en la mitad que falta. La batica se queda para el regreso, cuando vuelva y me levante a colar el café.

La exhortación no surtió efecto inmediato en Filonús. La oyó con curiosidad, incluso con respeto, pero sin hacerle el caso que su tía esperaba. Ella, no obstante, cada noche le colocaba la payama doblada sobre el respaldo de la butaca de su cuarto. Ahí amanecía, sin que Filonús la hubiera tocado. Su tía la retiraba, al penetrar en el cuarto para hacer la cama, y volvía a ponerla en el mismo sitio a la noche siguiente. La payama estaba siempre lavada, planchada. Esto, que no la tocara y la viera, mientras me dormía, colgar sobre mi cabeza, oliente a jabón de Castilla, duró varias semanas. Lapso corto. El que necesitaba, sin duda, para que sus palabras entraran en mi cabeza y fueran apoderándose de mí. Iban haciendo su trabajo mudas, pero laborantes. ¿Con qué se podría medir el tiempo interior? Dije "unas semanas" por decir cierta cantidad objetiva. Unas semanas resulta vago, y sin embargo medible. Como ustedes conocen, el tiempo de adentro carece de agujas y esferas. Así, cuando quiso y me tenía madurito, sin darme mucha cuenta, me quité las ropas del trajín diario y me puse la payama. Oscuramente dos cosas, y de nuevo el dos, terminaron por hacerme cambiar de actitud, que un cambio se operara en mi ánimo. Fueron éstas, un montón de fotos, un rollo entero, estropeado por mi torpeza de principiante, y un tremendo cero en un examen de botánica, las que contribuyeron —repito, oscuramente— a que las palabras de mi tía terminaran de hacer su trabajo y me pusiera la payama.

Tras ese punto insólito —secretamente propiciado—, la prédica de su tía se desarrolló en labor ordenada e incesante. Filonús llegó a aficionarse al ritual, y le cogió gusto a tenderse en la cama. Aprendió a despedirse, a pronunciar "hasta mañana" sin temor de que ocurriera algún acontecimiento en el mundo de los despiertos, mientras él dormía sin percatarse. Se acostó sabiendo que la cama, proporcionándole una posición diferente, lo esperaba con sus novedosos placeres.

Su tía lo adiestró en el ritual.

Empezaba por quitarse los zapatos y las medias, máximos poseedores del polvo diario, y guardarlos lejos de la cama, para evitar cualquier contagio. Sentado en la butaca —en esto recordó Filonús a la madre de Actité—, disfrutar de los pies liberados, sin sujeción ni opresión, prontos a caminar en otro espacio. Por ellos daba comienzo el acto de desnudarse. Descalzo y puesto de pie, se quedaba en calzoncillos. Mi tía, al principio de mi aprendizaje, después de darme las instrucciones siguientes, salía varios minutos del cuarto. Después que crecí, no volvió a verme desnudo. Soy una señorita, decía sonreída y se marchaba tapándose los ojos. Filonús debía permanecer un rato completamente desnudo, libre de ropa y sin sujeción, sintiendo la frescura de las losas del piso, y calzarse luego las cutaras, un par de viejos zapatos, sin talón ni puntera, cortados con un cuchillo. Abrir el armario, colgar la ropa del día y cerrarlo herméticamente, como el que trata con la bóveda de un banco. Es muy insistente el polvo del día y se cuela por un resquicio, observó con la voz de su tía. A continuación, protegido ya de las ropas, realizar desnudo un corto paseo por el cuarto, ponerse la payama, orinar y, con minuciosidad, lavarse las manos y la boca. Ningún residuo del día debía perdurar bajo las uñas ni entre los dientes.

Ahora, antes de que tía vuelva a entrar, y siguiendo el orden previo que tiene mi discurso, aunque les parezca una interrupción, debo decirles que desde los primeros instantes ella decidió cambiar de lugar mi cama. Pegada a la pared que daba al patio, se encontraba en lugar deslucido y caluroso. Durante los días cálidos de agosto el muro del patio, pintado en cal amarilla, arrojaba sobre esa pared vapor ardiente, luz destellante, cruda. Ayúdame a correrla, y juntos pusieron la cama en el centro del cuarto, la pielera bajo una ventana por donde Filonús veía, ya acostado, las hojas de una mata de plátano. Tienes la cuna, dijo su tía, el trono del amor y el ataúd, en el sitio principal.

Regresando al punto en el que tía se encontraba fuera del dormitorio, cuando me ponía la payama, ella entraba, desvestía la cama, alzando el cubrecama por el medio, doblándolo luego con cuidado, con esmero. Desvestir y vestir la cama era uno de sus gustos, y en lapso breve también fue uno de los míos. Después de esto, seguía la acción de avivar las almohadas, de pasar la palma de la mano y estirar los pliegues a la sábana —hasta que se parezca al mármol, decía mi tía—, doblar luego la punta de la otra sábana, dejarla abierta, como esperándome. Finalmente daba cuerda al reloj y ponía un vaso con agua fresca en la mesa de noche. Ya podía acostarme.

Y entonces, Filonús, dejándote solo, ella cerraba la puerta e iba también a tenderse en su cama, realizando por sí misma, naturalmente, el ritual enseñado. Uno adquiere la práctica de acostarse, y se acuesta por tradición. Los padres la trasmiten a sus hijos, o los tíos a sus sobrinos. Ya estás al fin en la cama, según indica el discurso. Licino hizo una pausa. Sigue, continuó. Estamos oyéndote, también casi acostados.

Antes de cerrar la puerta y dejarme solo, tía me decía susurrante, con pizca irónica, "hasta mañana".

En cuanto a lo que Licino llamara "práctica" heredada, sintió Filonús la necesidad de rectificar esa expresión de su amigo. Para él no se trataba, sin duda, de "práctica", sino más bien de "arte", un arte que muchos habían olvidado. Sin práctica no será un arte, prorrumpió Licino, y no tartamudeaba. Filonús observó entonces que esa paradoja parecía obra de Aristarco. Siempre, como todos nosotros, he querido parecerme a él, dijo Licino.

La emoción los paralizó. Nadie articuló palabra. Nuevamente el Aguafiestas adquirió una presencia. Los cuatro miraron hacia él, buscándolo entre la penumbra que despedía el ramaje: allí estaba, reclinado en el tronco del árbol, y un tanto más visible.

En la práctica de ese arte olvidado, prosiguió Filonús al cabo de un rato, incorporando con fraterna chanza la expresión de Licino, lo primero que se siente es un descenso. Puestas las nalgas en la cama, en ese espacio abierto para uno, la columna gira en el hueso de la cadera, y tras elevarse las piernas en el aire, caen al tiempo que tu cabeza: estás tendido. Por un número de horas impreciso, renunciaste a la célebre posición erecta. El hombre, y las demás bestias, son incapaces de prescindir de este descenso. Durante el día lo buscamos o extrañamos, y cuando llega la noche, descendemos. No importa que se trate de la noche real: sabemos, al descender, hacer reinar cualquiera de las noches, reales y artificiales, o ambas a la vez. Hay quien huye por un tiempo de ese momento, al igual que él hizo, hasta que tiene que aceptarlo. ¿Descender en qué dirección, hacia dónde?, inquirió Filonús. No lo sabía: descender solamente. En la punta de la columna vertebral, su cabeza, antes orgullosa y prepotente, renunciaba a su majestad dominadora —que contempla el porvenir y parece resuelta a abrirse paso en el mundo—, entregándose mansa a un simple apoyo de plumas o guata modesta. Descuidada del horizonte mira al techo, alrededor del corto perímetro de la habitación, o en mi caso: la mata de plátano contra la oscuridad del cielo.

Lo que ocurría a su cabeza, le ocurría con las piernas: renunciaban, verdaderamente emancipadas, a sostenerlo, y en la cama no lo conducían a ninguna parte, las potentes, las serviciales. Si alzaba un poco los ojos y se miraba los pies descansando en la sábana, éstos simulaban decirle "ya no somos los mismos". Al dejar de aproximarle el mundo, sus brazos tampoco eran brazos, y sus manos, complacidas, no cumplían su función prensil. Por tanto, Filonús no era ya vertical: estaba, o por varias horas era, un ser horizontal. En alusión a las posiciones anteriores de sus amigos, afirmó que valoraba la suya como la más radical: ni sentado ni recostado: escandalosamente tendido.

Yo, temeroso de las tinieblas, que no me sentía acogido por ellas, sino, por el contrario, rechazado por la luz y por el prójimo, cuando comencé a practicar el arte de tenderme en la cama, apagaba la lámpara y me quedaba a oscuras. La claridad me estorbaba, impedía que me apoderara de la cama, que fuera haciéndola mía. Para este hacer y esta posesión, mi cuerpo, al perder sus facultades diurnas, adquiría facultades distintas, a las que no me atreveré a llamar nocturnas. Se volvía tan dócil mi cuerpo, tan adiestrado en disfrutar placeres sutiles, casi inasibles. Pedía a su tía que plancharan y almidonaran las sábanas. Debían quedar bien estiradas, tiesas, marmóreas, según sugería ella misma, y lo más importante, estar heladas. Al entrar en la cama, esa frialdad pulida, en los primeros instantes, lo rechazaba. Iba Filonús venciéndola luego. Las plantas de sus pies recorrían el extremo de la sábana. Se abrían las piernas como las puntas de un compás, y las manos, separados los dedos, iban y venían a nivel de los muslos y la cintura.

Su cuerpo se apoderaba, deliciosamente, usando su propia temperatura, de la adversa frialdad inicial. Dio comienzo el proceso durante el cual las camas llegan a ser de uno, y se llega a poseerlas realmente. Donde yo me acostaba, varios miembros de la familia antes se acostaron. A mis abuelos maternos perteneció el colchón y sirvió —humildemente— de instrumento o de trono, al decir de mi tía, para engendrar a mi madre y también para engendrarla a ella. Sobre ese colchón murió la abuela y luego mi abuelo. Pasó después por varias camas, y en su recorrido paró sobre la mía. Sin duda mi cama contaba con un hondo pasado, una historia que me precedía y que, dada mi afición historicista, podía multiplicar y enriquecer con la genealogía familiar. ¿No compartía la cama con todos ellos?

Pero el interés de Filonús no radicaba en escrutar ese pasado, sino en abolirlo, y después de que fuera suya la cama, tal vez rememorarlo a su manera. El calor de su cuerpo, el movimiento acompasado y delicioso de sus pies, por la planta y el borde, igualmente de sus manos, su espalda y su cuello, fueron creando zonas propias: olían a él y poseían su temperatura. La frialdad impersonal y la historia de la familia, en la que no participó, se convirtieron, sin embargo, al correr de su sangre, en zonas que le pertenecían. Con el tiempo pudo decir que se acostaba sobre sí mismo.

Si mi tía, tendida vistiendo su camisón, se tapaba y dejaba, extrañamente, un pie afuera, y más extrañamente, la pierna doblada fuera de la cama, y el pie tocando el piso, como si aspirara a recibir algún influjo magnético, yo, en cambio, introduje ciertas variantes en el ritual. Al poco tiempo me tendí sin la camisa de la payama, después me despojé del pantalón, y por último, lo hice completamente desnudo. Dejé luego de taparme con la sábana, cuando perdí el miedo de que, estando dormido, algún insecto viniera a darme una picada en el pene. Alcé esa pierna del piso y la crucé sobre la otra. Si se presentaba algún influjo magnético, operaría en mi cabeza, orientada hacia el norte, con la ventana abierta al frente. Compadres, creo que uno de los mayores placeres consiste en cruzar las piernas en la cama. Da seguridad, tranquilidad, sana pereza. Todo, como en los placeres que valen la pena, mezclado. Con las piernas cruzadas, cualquiera puede aceptar la vida. Es una postura esencial: engendra excelentes ideas, y hasta un descubrimiento que revolucione la época puede engendrar.

Si la tía de Filonús se acostaba del lado derecho, con las rodillas plegadas, doblados los brazos bajo la sien y las manos unidas, él, en cambio, se tendía de espaldas, mirando al cielo raso, el cuerpo a lo largo de la cama, recto, ofreciéndose a la meditación. Nada de brazos detrás de la nuca ni axilas al aire: yacer como un cadáver, a sabiendas de que se está vivo. He ahí un nuevo placer contradictorio. Constituye, el estar así, un lujo que el vivo aún puede regalarse. Ninguna evasión tampoco que anule o me distraiga de eso que alguien llamó "la temporada interior". Por tanto, ni leer, ni oír música ni ver televisión, hablar por teléfono o comer en la cama. Elegí, además, no masturbarme. Eso lo hacía en la bañadera, bajo la ducha. Tenderse, amigos, tenderse sólo.

Sin embargo, apenas despertaba, de un salto Filonús se echaba fuera de la cama. Repetía la operación anterior, pero al contrario: recuperaba su posición vertical. Pese a mi adiestramiento, quedarme sobre esa especie de calor avejentado no me complacía. Cada mañana, con corte rápido, le puse fin. Vacante entraba en la otra mitad. O digo mejor: en la dimensión que abandoné al tenderme. Entraba canturreando, tirando pasillos de conga. Dentro sentía un singular agradecimiento. Compadres, amanecía.

19

El discurso entra en su segunda fase: toca hablar de mi padre.

Ignoro si les ha ocurrido algo semejante: ver la figura e intentar atraparla, convertirla en letras, en unas cuantas líneas, diré que orales. A veces me parece posar para mí. Otras —esto suele ser más raro—, la figura descrita reemplaza —imperceptible— la original, y recibo una impresión: ésta, la original, nunca existió. Bueno, hablo pisando tierra, por si me favorece algún influjo magnético.

Su padre era distinto. Podía permanecer, y de hecho permaneció, después de la muerte de su mujer, largas estadías, temporadas o estancias, sin levantarse de la cama. Comía, orinaba, incluso defecaba en la cama. No se afeitaba por propia mano. Incorporarse, sentarse unos segundos, agotaba sus fuerzas. La tía lo cuidaba sin descanso: le ponía la cuña y recogía orines y excrementos.

Humedecía su barba y lo afeitaba con navaja, y le cortaba el cabello deslucido, alzándole la cabeza un rato, convertida en barbero ambulante. Lo único que no hacía era bañarlo. A la vera de la cama ponía una palangana con agua tibia, una botella de alcohol y un paño. Solía vagamente, con languidez extrema, pasarse su padre el paño humedecido en agua o en alcohol, por las piernas rendidas, un poco por el pecho, o se limpiaba el ano. Como quien trata a un niño enfermo de muerte, la tía le daba la comida con una cucharita. Su padre se negaba a masticar. Parecía también fatigarlo. Sólo aceptaba, y sólo unas cuantas veces, tragar sorbos de caldo. Con nadie hablaba, ni siquiera con su cuñada. Cuando no quería más caldo, gruñía o trancaba enfurruñado la boca, hundiendo en la almohada la cabeza abatida. Por anticipado sabía ella que era vano insistir.

Yo crecí viendo a mi padre casi vivir en la cama. Durante una de esas fases, de las más prolongadas, me acerqué a la tía y bajito —esta voz en esa edad aún podía bajar—, bajito y triste, ¿qué tiene papá? ¿Se va a morir?, le pregunté azorado. Padece de melancolía. Todavía no va a morirse. Su respuesta me dejó perplejo. ¿Por qué papá contrajo esa enfermedad a la que, románticamente, ella llamaba melancolía? Hasta ese momento, nunca supe de nadie ni vi a nadie enfermo de melancolía. Ninguno de nuestros vecinos ni de nuestros amigos sufría de ese mal. ¿Por qué papá cayó con eso? Les advierto que a partir de la respuesta, sobre todo a partir de que tía usara esa palabra, papá se convirtió para mí en una persona sumamente atractiva. Me colaba en su cuarto para mirarlo echado en las sábanas, enflaquecido, callado, con peste a orines. Cuando tiempo después tuve mi cámara, sin hacer ruido, de puntillas caminando, busqué un buen ángulo, entorné la puerta, abrí un poquito la ventana y lo retraté con luz natural. Ni se dio cuenta. Filonús estaba seguro de que su padre no dormía, tenía solamente los párpados semicerrados, sin ver nada ni fijarse en nada, y sobre sus párpados notó una sombra violácea. Si no lo vio su padre retratarlo, lo vio su tía. Ella, aunque no estuviera dentro del cuarto ni al pie de la cama, estaba siempre pendiente de su cuñado. Pasaba por el patio, se paraba en la puerta. En uno de esos instantes lo sorprendió cámara en mano tirando la foto, y esperó que saliera de la habitación. Te ordeno que no la reveles. Aprende a respetar el dolor de tu padre. Había severidad en su rostro y su voz vibraba adversa. Filonús apretó la cámara con ambas manos. Permíteme guardar un recuerdo de papá, suplicó. Entonces percibió que, no obstante la severidad de su tía y el tono de reconvención, lágrimas a punto de brotar humedecían sus ojos. Está bien, respondió, tristísima. Y resultó, amigos, el único recuerdo que conservo de mi padre. Así son las cosas. Disculpa, Actité, que por esta vez domine la casualidad. La casualidad en unos es el destino para otros, sentenció la cubana pitagórica.

Sin previo aviso, sin que nada lo hiciera presentir, ni mediaran palabras ni advertencias, llamados de ayuda, el padre de Filonús abandonaba la cama. Lo oían garraspear y escupir, recuperando como el uso de la voz. Oían ruidos en el cuarto de baño, abrir la llave, tomar una ducha, permitir al aire entrar en su habitación, abriendo las ventanas y la puerta. Tiraba al patio el agua de la palangana y ponía al pie de la puerta el bulto de ropa sucia. Con sábanas limpias vestía la cama, y la cubría con un mantón de flores. Podíamos verlo, mi tía y yo, ambos atónitos, completamente afeitado, zapatos relucientes, vistiendo su chaqueta de cazador y su jipi, avanzar de repente por el patio, la vista alzada y expresión de convaleciente. Su cara borrosa, casi disuelta por su permanencia en la cama, empezaba a recuperar la definición de sus rasgos, la agudeza en los pómulos y el resplandor de los ojos. Saludándonos movía la mano, en los labios una sonrisa menos remota, y atravesaba el patio. Me voy al taller, anunciaba a mi tía, pues en mí apenas se fijaba. Y si lo hacía, apartaba la vista al instante. Ojalá vuelva, imploraba mi tía, después que papá cerraba la puerta de la calle.

Esta vez volvió.

Durante varios meses, un año quizá, la vida cotidiana del padre recuperó su ritmo habitual, y llegó, además, a tornarse un poco febril. Nada indicaba que estuviera enfermo, ni que sus prolongados períodos en la cama hubieran afectado o debilitado profundamente su salud. Recobró el apetito y continuó aseándose. Cada día de estos meses, incluido el domingo, despertó temprano, tomó un nutritivo desayuno y se fue al taller. Llevaba en una cantina un almuerzo abundante, que la tía se afanaba en preparar, levantada desde la madrugada, pues él no regresaría a casa hasta el anochecer. En una de tales fases de renacimiento, Filonús preguntó a su tía si ya estaba curado. ¿Curado de qué?, dijo ella con brusquedad. De eso que llamaste "melancolía". Yo no te dije tal cosa. Filonús insistió. Ella repuso desabrida y cortante que su padre siempre estuvo perfectamente, y se metió en la cocina a preparar el desayuno. Me di cuenta de que sobre ese asunto ella no volvería a hablar. Franca y desenfadada al referirse a sí misma, guardaba discreción cuando se trataba de cualquier cosa que aludiera a su cuñado. Una nueva complicidad entre tía y sobrino, semejante a la que se produjo en aquel momento, no se repetiría hasta más tarde, durante un incidente parecido al que la obligó a romper el amparo de su silencio.

Les debo varias aclaraciones. Viene una de ellas.

Papá era de oficio carpintero. Como dicen en mi pueblo, carpintero fino. Con exactitud y justicia: era un excelente ebanista. Muchas familias pudientes de Santiago fueron clientela de mi padre, y conservan como un tesoro el hermoso mobiliario fantasioso que creó para ellos. El diseño solía inventarlo, pero últimamente ambicionó reproducir un mueble arcaico. De esa ambición a menudo hablaba con mi tía. A ella, en ocasión de su santo, le hizo un obsequio doble: un sillón, estilo cubano del diecinueve (balance, dirían en Santiago), especialmente construido para que en él se sentara a leer a Lola María Ximeno, y otro sillón, esta vez especialmente construido en estilo francés del dieciocho, para que se sentara a leer a madame Du Deffant.

Viene otra.

Papá acostumbraba decir "voy al taller" al referirse a su lugar de trabajo. No obstante, lo cierto es que se trataba en realidad de una mueblería completa, aunque pequeña, con vidriera de exhibición y todo. Detrás, en el patio cubierto por un techo de zinc, se hallaba el mencionado taller. En él pasaba horas y horas, saliendo tan sólo para atender a algún cliente. Nunca tuvo empleado, ayudante ni aprendiz. "Siento desdén por el taller renacentista", replicaba a mi tía, si ésta mencionaba el excesivo trabajo, y que debía tener al menos un ayudante.

Viene otra.

Pues bien, en estos períodos de vitalidad, en el curso de los que parecía restablecido y que su mal no tendría recaída, papá se convertía en un hablador. Como si quisiera recuperar el tiempo en que estuvo con los labios pegados, cuando llegaba a casa, entrada un poco la noche, no paraba de hablar. Con mi tía, por supuesto, según ya insinué hace un rato, y ahora debo esclarecer. Ellos hablaban entre sí, conversando, y yo escuchaba, sin intervenir. El modo distante en que él me trataba cerraba mi boca, incluso a mi tía dominaba, porque a su vez me excluía de esas conversaciones. Cuando papá se hallaba presente, yo dejaba de existir, completamente borrado del mapa de mi casa. Además, por esta época, papá aún no me dirigía la palabra. No iba más allá de pronunciar un monosílabo o de emitir un gruñido. Y si, por debilidad momentánea o por olvido tal vez, consintió en posar displicente la vista sobre mí, su mirada me traspasaba, convirtiéndome en transparente, y seguía rumbo, en busca de alguna cosa que estaba a mis espaldas.

Viene —creo— la última.

Sin duda, ponerse a trabajar en el taller, y disminuir apremios y mejorar la economía de mi casa, todo era lo mismo y casi al mismo tiempo. Comíamos más y mejor, y se pagaban puntuales las cuentas. A mi tía le era posible darme diariamente para la merienda de la escuela y para comprar algunos libros de estudio, sin pasar por la pena de pedirlos prestados o verme en la obligación de heredarlos, descosidos y sucios, de varios amigos que cursaban un nivel superior. De vez en cuando, al inicio de la tarde, con ropas de salir, íbamos de tiendas, y tía me compraba un par de zapatos o una linda camisa. De regreso pasábamos por alguna cafetería a la moda, poníamos, orgullosos, los paquetes sobre la mesa, y ordenábamos helado con bizcochos. Durante estas fases de convalecencia, según una observación risueña de mi tía, vivíamos como papá: sin mirar el reloj ni contar el dinero.

Por el contrario, cuando volvía a encamarse, estos pequeños gustos desaparecían de nuestra vida, y en la mesa aparecían el arroz con frijoles y los huevos fritos más que nunca, y se esperaba en vano por la ensalada y los postres. Yo calzaba los zapatos viejos para ir a la escuela y llevaba un platanito de merienda. Se vivía entonces, caminando sin hacer ruido, del modesto salario que ganaba mi tía, dependienta en una botica.

Oyendo las conversaciones y sin ser visto, Filonús adquirió un privilegio que, si al principio le irritaba, llegó luego a convertirse en un placer apreciado, y que satisfacía en parte su gran deseo de saber. Ese privilegio consistía en escuchar a su padre. Con energía inesperada en quien de pronto podía desplomarse de nuevo en la cama por varios meses seguidos, hablaba animoso, gesticulante. De ninguna otra cosa hablaba que de su trabajo. Y si parecía conversar con la tía, detenerse y escucharla, comprendía Filonús que se trataba de un descanso, y que no conversaba realmente con ella ni con nadie, sino consigo mismo. Era sorprendente ver el vigor de sus pasos por el comedor, en tanto que la tía, saliendo un instante de la cocina, decía una palabra, intercalaba una exclamación y llegaba hasta a dar una opinión —opinión entrecortada por el flujo verbal de su cuñado— y volvía a entrar en la cocina, en la mano la espumadera.

Fue de este modo, ignorado por ambos, que supo Filonús que su padre había abandonado la creación de diseños originales para dedicarse, con vehemencia apasionada, a la reproducción. Empleaba a veces esta palabra, otras decía imitación, sencillamente. Tenía en una pared del taller, sacada de una historia del mueble y sujeta con alfileres, la fotografía de un arca gótica del siglo quince. Su propósito: reproducirla, fabricar una idéntica. ¿Hasta dónde podría resultar idéntica? Después de la muerte de su mujer y con el paso del tiempo, esta cuestión fue haciéndose en él más y más absorbente e inexorable. Fabricó una primera copia, y tras ésta, otras dos. Y con ninguna se encontraba satisfecho. ¿Eran idénticas las arcas? ¿Hasta qué punto las suyas resultaban válidas? ¿O debía ignorar el arca gótica auténtica, y aceptar las suyas como perfectas y sin antecedentes? Después de observar largamente la foto, sintió el impulso, casi perverso, de destruir las que había hecho, deshaciéndolas a hachazos. Pero no lo hizo: las arrinconó y comenzó el emplantillado para fabricar una cuarta. Encontraba algo sutilmente defectuoso en el acabado de las patas de sus arcas: en los austeros rebordes, un toque imperfecto: torpe en el severo labrado del ornamento, inspirado en el arco ojival de las catedrales: en la cabeza de la quimera del cierre, una especie de fragilidad. Exentos se hallaban de estas debilidades el pulso seguro y la mano diestra del realizador medieval.

A sus preguntas y dudas mezclaba de repente la apología de la imitación. Imitar era una de las más acendradas expresiones de la pasión. Una forma humilde del amor, más que de la pasión, rectificó su padre, deteniéndose a un extremo de la mesa del comedor. Alzó el índice y dijo a la cuñada, que en ese instante se asomó a la puerta de la cocina: como nadie lo había entendido así, los imitadores resultaban víctimas del desprecio. Su intento consistía en imitar sin ambages esa arca gótica, le confió a su cuñada, dándole otra vuelta a la mesa. Sin ambages ni complejos, con el más humilde de los amores: el que implica renunciar al yo y entregarse a lo ajeno. Salir de sí y entrar en el arca, trayéndola a la vez hacia sí mismo. Eso no lo entiendo, dijo la cuñada, y sin esperar respuesta desapareció en la cocina, para aminorar la candela del arroz con pollo. Así tenía que ser: la previa renuncia y la captura posterior. Exacta, absoluta, debía ser la imitación. ¿No era ese afán un imposible? Hacer que coincidieran instantes, almas, épocas diversas... Pero era costumbre del amor empeñarse con los imposibles. Perseverar en confundirse, en perderse, en renunciar, en buscar similitudes, coincidencias. Era todo esto decir: que el arca, siendo ajena, brotara luego de sí mismo. Para eso tenía que entrar primeramente: tenía que amarla. Por ello lo hacían sufrir las imperfecciones de su trabajo. Cada imperfección tornaba evidente la permanencia de su individualidad. Su imitación, por consiguiente, no resultaba absoluta: el arca gótica y sus arcas no eran todavía idénticas. La gótica no había abandonado la foto, entrando en su taller. Por tanto, abría siempre la tapa de sus copias, sin que se hicieran una sola con la de la fotografía. En eso consistía la imitación suprema: hacer de varios objetos uno solo.

Ciertas referencias a su mujer difunta incluyó su padre al hablar de estas cosas. Paré las orejas y contuve hasta la respiración. Empecé a entrever, a partir de esos intervalos, la causa profunda de sus extensas acostadas y de su melancolía. Existía cierta semejanza entre lo que consideraba una "imitación" y sus consecuencias, con el modo en que su padre repetía ciertas frases habituales, ciertas palabras y gestos de la madre de Filonús. ¿No era lo mismo que hacía al proponerse imitar el arca gótica? A su manera ponía el cojín en el sofá y colocaba muy unidos los pies, como ella al sentarse. Reclinaba la cabeza en el cristal de la ventana, como también hacía su mujer. Procuraba acostarse sobre su lado, y poner las flores que ella prefería en un búcaro de la mesa de noche, para alcanzar a verlas desde la cama. Estas cosas se asemejaban al hecho de repetir el arca antigua, intentando imitarla hasta el punto de pretender su reaparición. Su mente parecía presa en ocasiones de un inmenso anhelar. Ansioso, y conociendo que lo estaba, padecía del temor a que resultaran estériles sus intentos de comunicarse con un mundo extinguido, por intermedio de la destreza de sus manos y, en el caso de su mujer, mediante la reproducción de sus gestos. Temía caer en un desvarío, y que todo terminara en fracaso, o en algo, como ponerse los zapatos de su mujer o el vestido, sumamente ridículo. Sin embargo, existir implicaba sostenerse —grotescamente— sobre un imposible, apasionarse por él, sondear ese imposible. Sin duda, por igual conocía que, detrás de esto, había una apuesta, a su vez, imposible, como la otra. ¿Cuál sería esa otra apuesta ignorada, aludida por su padre, y que en apariencia su tía conocía por anticipado? Más tarde, también yo lo sabría, dijo Filonús a sus oyentes.

¿Tú eres el hijo? Filonús examinó asombrado a la mujer. Acababa de abrirle la puerta. Ni la tía ni su padre habían regresado del trabajo. En aquella mujer desconocida todo resultaba excesivo: la pintura en los labios y bajo los ojos, el trazo en las cejas, los aretes de fantasía y las pulseras, el rojo del vestido entallado. Menos mal que no abrió su mujer, dijo a Filonús, quitándose un segundo el cigarro de la boca. Filonús casi recibió la bocanada en la cara. Venía temblando, le confió después. Pero la madama se encaprichó en buscar alguien de la familia. En un carné estaba la dirección de esta casa, y me tocó a mí hacer la diligencia. ¿Su mujer no está, verdad? No está ni estará, dije sin saber bien lo que decía. Empecé a inquietarme. Algo no entendía en aquello, y lo que comenzaba a entender, me daba miedo. ¿Se le fue?, preguntó la mujer con un chillido final. No, está muerta, volví a responder.

¿Hace mucho, verdad? ¡La pobrecita! Para morir, ya sabes, muchacho, estar vivo. ¿Y usted quién es? Una amiguita de tu papá, que vino a buscarte, y el cigarro se le quedó pegado en el labio. Quizá eres muy joven para esto. ¿No hay más nadie dentro? Mi tía está en la botica, de nuevo respondí como una máquina. Me refería a un hombre. Pero, vámonos, antes de que termine de comprar las aspirinas. Me agarró por el brazo y ella misma se ocupó, con la otra mano, de cerrar la puerta. De pronto me vi solo con ella en el portal, paralizado, un muñeco de trapo, sin saber con certeza lo que estaba ocurriendo. Iba a preguntarle qué le pasó a mi padre y dónde me llevaba, cuando, mudo, me vi bajando los escalones, arrastrado del brazo como por una soga, detrás de una mujer a la que nunca había visto en mi vida.

En la acera se colgó de mi brazo, como si fuéramos marido y mujer, y caminamos apurados y sin hablar. Yo tenía por hacer tantas preguntas, que decidí no formular ninguna. A cada pregunta apretaba el paso: llegar pronto a donde íbamos sería la más completa respuesta, y era yo, por el contrario, quien la arrastraba.

Párate aquí. Me trajiste al trote.

Vi una puerta y una enorme escalera, que subía al piso alto. Después divisé un barcito en los bajos, con una barra oscura, un espejo decrépito, poca gente en las mesas. Me sorprendió que atendieran solamente mujeres. Oscurecía, y el salón estaba mal iluminado. Al fin pregunté, ¿dónde está mi papá? Arriba o lo han bajado ya. Mi cara se debió demudar con su respuesta. Ella me miró y botó el cigarro acabado de prender, dándole con el índice un golpe, como si fuera un hombre. ¿Está muerto?, me parece que balbucí. ¿Muerto, muchacho? Muerto se habría quedado si no lo sacamos pronto de la cama y del cuarto. Tiene una vitalidad asesina. Primero fue conmigo, trigueña, siguió con una rubia, y por último remató con una mulata achinada. Tremendo macho el padre tuyo. Muy borracho estaba, y creíamos que se nos moría en la cama. La madama se asustó. Cuida mucho el negocio. Figúrate, un muerto aquí. Por eso fui a buscarte. ¿No puedo subir? Espérate. ¿Viste en el bar? No está ahí. Espérate, voy a llamar.

Entró en el bar y marcó un número en el teléfono.

No te preocupes: ya lo traen, me advirtió regresando. Madama ya sabe que eres el hijo.

Compadres, no había estado aún con una mujer y era virgen, sin que les cause risa. Lo único que sabía era masturbarme en la bañadera, como ya les conté, y a veces sentado en la taza, como les cuento ahora, y no obstante, consideré cuanto ocurría, dándome cuenta al fin. Mi padre estaba borracho en un prostíbulo, y yo tenía delante una puta, que para más datos, acababa de acostarse con él.

Pese a su potencia, tu padre no está bien de la cabeza. Perdóname que sea franca. Sin querer ofender, no está bien. Debías cuidarlo. Vale la pena haber nacido de un hombre semejante. Ella calló, y se fijó un rato en mí. ¿No te ha traído por aquí, verdad? Me sentí descubierto, sin pantalones, a la luz mi virginidad. Seguro, con la percepción que tiene este tipo de mujer, se dio cuenta. Pero no continuó, felizmente, por ese camino vergonzoso.

En lo alto de la escalera oímos voces.

Quiero que conozcas esto, antes de que lleguen. ¿Cómo se llamaba tu madre? Isabel, le dije. Así nos llamó a todas. Con ese nombre, a cada una de las tres. Esta tarde, por turno, fuimos, para él, Isabel. Fíjate, y me mostró el anular de la mano izquierda, ya no lo tengo, pero aquí tuve, puesto por él mismo, el anillo de matrimonio de Isabel. Yo, y también las otras dos, lo tuvimos.

Varias putas comenzaron a bajar a papá, escalón por escalón. Lo traían de las axilas, levantaban su cintura, sostenían sus piernas. Detrás una puta vieja, la madama, dueña del prostíbulo, cerraba el descenso, trayendo la cazadora y el jipi de mi padre. Cuando me vio, exclamó alto, tu hijo ha venido a llevarte, como si quisiera despertarlo.

Escuché la voz alcoholizada de papá, sin distinguir lo que decía. Las putas se rieron, tal vez por no entender tampoco, y siguieron bajando la escalera. Entre sí hablaban y se daban aliento, haciendo chistes. Claramente oí, ánimo, hombre, ya no pareces el de antes, en boca de una de ellas. ¿Habría sido la mulata achinada o la rubia quien habló? Hubo nuevas risas y empezaron los toqueteos. Le hacían cosquillas y le palpaban el sexo. Papá rugió, lanzó un alarido o un grito rabioso. El cortejo aparente se detuvo en el penúltimo escalón, muy cerca del lugar donde nosotros estábamos esperando. Las putas habían entendido: al grito lo acompañaba una orden, que no conocí hasta después. Con cierto cuidado lo dejaron sentarse en un peldaño, y corrieron escaleras arriba, con voces y saltos, alzándose las faldas. Quedó mi padre solo, y a su lado, de pie, la madama. Ésta se inclinó, pareciendo que su esqueleto emitiría un crujido, le puso el sombrero sobre el pelo desordenado, lo ajustó con un ademán, abrió la cazadora y se la echó por el hombro. Listo. Te puedes ir. Te cuidará tu hijo. Con una dicción clara, como si la cólera disipara —repentinamente— el vapor etílico, yo no tengo ningún hijo, oí decir a mi padre. Por eso había ordenado (o pedido) que lo dejaran sentarse en la escalera.

Si yo no era su hijo, no tenía con quién marcharse o se iría solo, dando tumbos. Las putas se miraron, animándose la una a la otra. Para ellas esas palabras carecían de sentido. Eran, simplemente, una salida de borracho. Más calmada la madama —ya no se iba a morir el cliente en una de las camas de su casa—, le pidió que se levantara y se fuera: importunaba el acceso a su negocio. Ambas consiguieron levantarlo y sostenerlo de pie. La puta que me trajo hizo esta observación de pronto, lo ofende que lo vea su hijo en ese estado, y ayudó a conducirlo hasta la acera. Consideré que todo estaba claro, y lo seguí. Papá se tambaleaba en la acera, se mecía, oscilaba, girando suavemente sobre sus piernas. La madama tironeó las solapas de la chaqueta y le dio un ligero toque en el ala del sombrero, un toque frívolo. Se pusieron detrás y suavecito lo indujeron a avanzar. Dio varios pasos, se detuvo, dio otros más, se detuvo. Respiró hondo, escupió en la cuneta y, recuperado —momentáneamente— el equilibrio, echó a andar despacio. Aprovecharon la ocasión las putas, entraron y rápido subieron la escalera.

Yo caminé tras él.

Fue un trayecto de amagos, bastante chaplinesco, si no estuviéramos, él colérico, yo, deprimido y puesto al margen, para poder sonreírnos de nuestras acciones. Lo seguía, amagaba correr en su auxilio cuando lo veía vacilar, inclinarse, descoyuntado y sin control, a un lado ahora, luego al lado contrario, pero tan sólo amago: permanecía inclinado por igual, pero hacia adelante y en su dirección. Cuando él se reponía y podía continuar avanzando, yo, a mi vez, avanzaba. Si como un pelele buscaba el sostén de una pared o de un poste, tendía yo los brazos, amagando ayudarlo, y me recostaba en otro poste y en otra pared. Pocas veces noté que me miraba, él también amagaba mirarme. Una vez, al fin, me miró un tiempo largo, desde la acera, donde se había sentado a vomitar en la cuneta. Después se levantó, tambaleándose apenas, y anduvo recuperado, seguro el paso. Y entonces, lo que pudo ser un juego entre nosotros y no lo fue, culminó. Cuando yo me detenía, él se detenía, cuando lo esperaba, me esperaba, cuando me acercaba, apretaba el paso, se alejaba, para detenerse luego, esperándome. Cuando, cuidadoso de que no se cayera, me adelantaba para esperar que pasara, él hacía lo mismo más adelante. Así, llegamos a la casa. Nada dije a mi tía. Papá fue directo al baño y se aseó. A la hora señalada, comimos los tres como si no hubiera pasado nada.

Eso creyó Filonús por un tiempo.

Te marco, Actité, el dos de nuevo. Ha tenido un largo reinado esta noche, noche dilatada. Primero, creí que papá no le contaría a mi tía lo ocurrido, y me equivoqué. Segundo, creí que nuestra relación, si cuanto existía entre mi padre y yo pudiera calificarse de tal cosa, esa relación sui generis, continuaría igual, y me equivoqué.

Esta vez la escena no fue entre el comedor y la cocina, por el contrario, e inesperadamente, su padre entró en la cocina y con acento dolido le contó a su cuñada el incidente del prostíbulo, la aparición de Filonús, y que juntos, sin él quererlo ni admitirlo, volvieron a la casa. Nada me sirve para encontrar a mi mujer, y él tiene la culpa de su muerte.

Eso dijo mi padre.

Sin embargo y no obstante, la relación entre ellos comenzó sutilmente a variar. Se encontraban —el padre emitía un ruido, el hijo lo saludaba— en mitad de la sala o andando por el patio. Filonús se atrevió a darle los buenos días y su padre lanzó una interjección. Creo que estaba perdiendo mi transparencia: tenía cuerpo y voz.

Un día su padre se fue al taller sin el almuerzo. Filonús vio la cantina sobre la mesa, entre los restos del desayuno. La olvidó, dijo su tía. Déjame llevársela, y Filonús la cogió decidido, pero aguardó una respuesta. Su tía había comenzado a recoger las tazas, y sin darle una respuesta, contó que muchas y repetidas veces aseguró a su cuñado que su hijo no era culpable. No fue durante su nacimiento, pasaron cuatro meses, aunque era cierto que, a resultas del mal parto y de la inexperiencia de la comadrona, Isabel enfermó, y murió poco después. ¿Dónde está la culpa? Luego lo autorizó a llevar la cantina.

Su padre no salió del taller. Filonús, la cantina sin entregar, desde el salón de la mueblería, lo veía trabajando. Sin que ninguno se aproximara al otro, pasó un rato. Filonús alzó la cantina y se la mostró, para que supiera a lo que había venido, y tímido, con un movimiento encogido, la colocó sobre un mueble y se marchó.

A partir de ese momento, en días alternos, la cantina aparecía entre los restos del desayuno, y se repetían idénticos los hechos: llevarla al taller, alzarla en el aire, dejarla en un mueble y volver, sin que mediara un saludo, ni siquiera un gruñido. Al cabo de varias semanas, calculadas por ambos perfectamente, el padre salió del taller y recibió la cantina. Días después aceptó responder el saludo del hijo —pronunciado cada mañana y cada vez con menos vacilación— con otro saludo, tampoco nada vacilante. Parecían ambos haber tomado la decisión de tratarse.

Así fue, y poco duró ese trato, amigos.

¿Volvió tu padre en ese momento a encamarse?, Jenofonte indagó. Sus dedos se perdieron en su barba rubianca.

Filonús negó con un gesto, y dijo que ese camino estaba agotado, su padre se disponía a internarse por uno distinto. El camino es un espacio, sentenció Actité, y el espacio, una posibilidad. Ya en el final, reaparece el número dos, en forma de caminos opuestos. Dos líneas, Filonús, y Actité suspiró. Todo lo doble es funesto. ¿Qué va a ocurrir?, interrogó sombría.

Cuando consideró llegado el tiempo oportuno, el padre condujo al hijo hasta el taller. Era más amplio que cuanto supuso Filonús y, pese al techo de zinc, dentro se respiraba un frescor inesperado. En la pared vacía del fondo se destacaba solitaria la foto del arca. Ya no la sujetaban alfileres, sino cuatro clavos de bronce prietos. Su padre le enseñó la mesa y sus herramientas de carpintería, brindándole de cada una breves explicaciones. Filonús observó que sus manos, hermosamente varoniles, con dedos largos y fuertes, eran como extensiones de sus herramientas. Se movían con tal seguridad, con tal destreza... Arrimó un banquito, diciéndole a su hijo que se sentara, quería mostrarle una cosa. Filonús se estremeció y miró la foto del arca. Sin duda se trataba de eso. Era el arca, o las varias arcas, lo que su padre se disponía a enseñarle. ¿Dónde estarían? Desde que entró en el taller las había buscado con la vista, sin encontrar nada. Muy joven comprendí que tenía un defecto, o como se dice ahora, una deficiencia: si me pongo nervioso, no veo bien. Y no vi el bulto que estaba contra la pared, bajo la foto. Hacia allá se encaminó su padre, haciéndole una advertencia: se trataba de la cuarta arca que fabricaba. De las anteriores se había deshecho porque ostentaban demasiadas imperfecciones. Retiró entonces el paño que cubría el bulto, y Filonús vio el arca.

¿Qué voy a decirles, mis amigos oyentes? Bobo quedé con ella. Pensé en Brunilda, Sigfrido, en Ivanhoe. Sentí que respiraba ilusionado un olor merovingio, y vi el brillo de las espadas. ¿Cómo podía creer mi padre que su trabajo era un fracaso? Me transportó enseguida. Le había dado el acabado, relucía, quieta ahí, lanzando espejeos, con su quimera brillante, pulida, que ponía en mí los ojos mágicos. Parece que papá, al verme tan boquiabierto, me llamó. De un salto quedé al pie de aquella maravilla. La infelicidad de papá, su obsesión por recuperar lo perdido, de pronto me tocaron. O mejor: me dieron en plena cara. A pesar de que se esforzó al principio en que pasara un buen rato en el taller, no consiguió reprimir su dolor. Dije que me llamó a su lado. Cuando llegué, alzó la tapa del arca. Sentí un delicioso aroma a cedro, un delicado aroma. El arca era larga, tanto o más que un sarcófago, cabía una persona acostada, y se hallaba puesta en el suelo o encima de un estrado pequeño, lo que no recuerdo exactamente, pero sí, que me incliné para mirar en su interior. Papá sostenía la tapa con el brazo.

En el fondo del mueble estaba el vestido de novia de su madre. Filonús lo reconoció de inmediato. En varias fotos que la tía le mostrara, su madre vestía ese traje. Supuso que el resto de las cosas que guardaba su padre en el arca pertenecían también a la difunta: una cartera, los guantes blancos y la tiara de boda, un abanico casi deshecho, unas chinelas bordadas, un par de zapatos muy usados y una trusa negra. Sin cerrar la tapa, mientras se esparcía el olor de aquellos objetos y el aroma de la madera, su padre contó que había permanecido muchas veces de pie junto al arca, como ahora estaba, inclinado, sintiendo la emanación de ese olor promiscuo, acariciando las cosas que su mujer había abandonado al morir. Me hizo a continuación una confidencia triste, y que temía que yo creyera ridícula. No solamente miraba y acariciaba esos objetos, había intentado ponerse los guantes y calzar los zapatos. Los guantes no le servían ni entraban los zapatos, y temeroso de romperlos, los mantuvo en la punta de los dedos. Hablamos ya, amigos, del tamaño de los pies de mi madre, agreguen ahora a su figura, manos pequeñas, delicadas, bonitas.

Después dejó caer suavemente la tapa, sacó del bolsillo de su pantalón una llavecita dorada, la introdujo en la cerradura, que era la boca de la quimera, y le dio media vuelta. Se cercioró de que el arca había quedado cerrada y devolvió al bolsillo la llavecita. Percibí su mensaje: para su hijo, apenas un muchacho, era ya suficiente. No obstante, les digo: en ese momento me sentí más interesado en su conducta como amante que en su comportamiento como padre. Con cierto orgullo o con cierta jactancia pensé que no era menester protegerme ni del amor ni de la muerte. Cuando se sentó a mi lado, tras cerrar el arca, y me pidió que compartiéramos el almuerzo, que era abundante y alcanzaba para dos, acepté encantado, pero le pedí a mi vez que antes me contara sobre mi madre. Sólo he visto sus fotografías y sólo sé que fue bella, dije para alentarlo. Me di cuenta enseguida de mi ingenuidad: papá, incapaz de pensar en otra cosa, no necesitaba requerimientos para hablar de ella.

Tenía presentes hora, día, mes y año en que se conocieron. Bailaron una pieza en una verbena, bajo la glorieta del parque, y cuando regresó a su casa, escribió, en la pared de su cuarto de soltero, la fecha completa del encuentro. La escribió con trazo firme y en creyón negro, al presentir que esa fecha sería crucial en su vida. Observé intrigado esa inscripción —eso era en verdad por segura y resaltada— en varias paredes más: en la que quedaba frente a la cabecera de su cama y en una del taller, ante su mesa de carpintero, sin conocer cuánto significaba, hasta que papá lo dijo.

A partir de aquella tarde, buscó y propició nuevos encuentros. Indagó en su vida anterior, si era soltera o tenía novio, y le dijeron que contaba por decenas los pretendientes, y que de ninguno había aceptado compromiso serio. Anotó el nombre, sus apellidos y su edad en el cuaderno de apuntes. Los subrayó y besó, los encerró en un círculo de tinta escarlata. Rondó su casa y se paró en la esquina, en las cuatro esquinas, vuelto el cuello y la mirada fija, esperando verla e imaginando que la veía. La saludaba al encontrarla, o iba detrás sin dejarse ver. Hablaba de ella en todas partes y con todos sus amigos, por el placer de tener su nombre entre los labios. Le mandó flores, versos en las tarjetas, bombones y pañuelos, un juego de sala en miniatura, en estilo inglés del diecinueve, que fabricó para ella, con las manos temblantes de emoción. Para su santo, para su cumpleaños, llegaba a la casa una pulsera, una caja de música labrada por él, y que abierta tocaba la pieza que bailaron la tarde en que se habían conocido.

Le hablaba en sueños. Despertaba en la madrugada, acudía a su puerta y se sentaba delante a oscuras en la acera, esperando que con la luz del día abrieran las ventanas y él supiera que ella también amanecía viva y se disipara su angustia. Quien ama teme perder su amor. Amar a alguien es decirle, "no morirás", y nada, como esa ambición, tan frágil. Separarse un momento y preguntarse, ¿volveré a verla?, eran un mismo terror.

Abrumada, conquistada, enamorada, lo amó al fin. Se apartó de amigas y pretendientes. Aprendió su edad y repitió su nombre día y noche, en cada lugar. Por él renunció a paseos y fiestas, a ir al cine, a excursiones e invitaciones. Se peinó y se vistió pensando que lo hacía para él, y en el espejo, a menudo lo vio asomarse junto a ella, sin que estuviera. Al cambiar de vestido y quedarse desnuda, miró y percibió en su cuerpo de mujer algo ajeno, que a él pertenecía. Acarició sus senos y el pubis: no eran ya suyos enteramente, eran en parte de él, y poseían un nuevo sentido: ser para alguien, y ese alguien era él. Tales sensaciones se las confió ella, andando el tiempo, y mi padre le dijo, a su vez, que le había ocurrido lo mismo: se agarraba el miembro desnudo y se lo ofrecía desde lejos, el agua repiqueteando, o erecto en la cama, soñando y despierto. Ya no pertenecía aquello a ninguna mujer, novia o amante. Tan pronto la conoció, todas se volvieron eventuales y desaparecieron. Igualmente aprendió ella a esperarlo, y entre ambos crearon un espacio compartido: en él iban a amarse y a experimentar la vida como si hubiera sido creada tan sólo para ellos, cotidianamente renovada. Se amaron con un amor anacrónico, que consideraron de las épocas en las cuales se amaba de veras, con todas las alegrías del amor y con todos sus peligros. Antes de casarse, se respetaron manteniéndose vírgenes. Supieron gozar de la postergación del deleite. El noviazgo fue breve. Cuando se casaron eran jóvenes y hermosos. Para sus amigos fueron la pareja: distintos y complementarios: juntos impresionaban como un absoluto. A su padre complacía citar la frase de un amigo quien, aludiendo a Platón, dijo de ellos que constituían "la imagen encarnada del arquetipo del amor".

La vida, después de casados, constituyó para ellos una revelación. Tenían la sensación de estrenarlo todo, desde los placeres sexuales hasta los de la mesa. Recuperaron el asombro. Si algo les era conocido, ese conocimiento resultaba como un recuerdo distante, y cada cosa, cada conducta y cada hecho, se volvieron nuevas, y emitían un persistente fulgor. Vivían en estado de gracia. Todo brillaba, lo más nimio y lo que fuera antes por entero habitual, lanzando destellos vibrantes. Nada los aburría, nada habían visto por anticipado. No existía para ellos la experiencia, el estar de vuelta. Iban hacia todo y de nada regresaban. Igual que un par de muchachos inexpertos, celebraban el amor reconociendo la boca y los pies, el pene y la vulva, como pequeñas bestias, dándoles nombres y mirándolos como el que nunca los ha visto ni tocado. Somos Dafnis y Cloe, le dijo ella. Y echados en la cama, perezosos y tiernos, se leyeron en voz alta la novela varias veces. Cloe, llamó su padre de repente, pareciendo querer evocarla. Fueron de una inocencia casi primitiva. Pasaban horas nadando y mirando el mar. Comían y tomaban cerveza en la arena, bajo un quitasol, con un ave marina pintada sobre azul. Salían a cazar de madrugada venados y palomas al monte. Pescaban en los ríos y freían los peces sobre fogatas improvisadas. En cualquier parte se amaron, en el agua, en la yerba, en el fondo de los botes, contra un árbol o contra una pared, mirándose llenos de fervor, en los hoteles de paso y en las escaleras inesperadas, en una calle solitaria, en la oscuridad del cine y en el asiento trasero del auto. Se amaron de pronto, súbitamente, y se amaron despacio, planeando cada gesto.

Vivir es insuficiente, y en cualquier cosa, de la mayor a la mínima, existe un peligro, dijo su padre, el único: el de morir. Quiso preservarla del peligro descubierto con terror detrás de todo. Se esmeró en cuidarla, y se opuso, como algo sumamente peligroso, a que quedara embarazada. Sin embargo, ella insistió en ser madre, y nací yo, tal vez para narrarles esta historia, entre otros haceres. No sé la razón exacta, pero me viene a la mente el verso de Vigny, si hablo de mis padres, ellos nacerán de mí. Estoy seguro: papá jamás me perdonó que yo naciera. Nunca contó ni recordó cuanto le decía mi tía sobre esto. Esos meses que separan mi nacimiento de la muerte de mi madre, para él no pasaron. Si permitió que me le acercara durante varios días, fue porque había tomado una decisión, la que conocimos después. Cuando entraba en la mueblería, llevándole su almuerzo, yo sentía un escalofrío en la piel: era la mirada intranquila de sus ojos, detenida en mis pies, detenida en mi cabeza. Sé que experimentaba al mirarme una sensación que seguramente juzgaba atroz: mi cuerpo había salido del suyo, y al hacerlo, le había dado muerte. Y en algo, en una porción oscura y fatal, tenía razón mi padre. Si no le di muerte en el instante de parirme, fatalmente provoqué su fin. Él me miraba los pies, me miraba la cabeza...

Ella le pidió cambiar los anillos, cuando estaba por morir. Temblando, con torpeza increíble en unas manos tan diestras, la complació. Tal vez, en el valle de las sombras, me reconozcas por el anillo. Solamente estas palabras quedaron de mi madre.

Oscurecía en el taller y el almuerzo estaba frío. Papá recogió sus herramientas y me dijo que botara la comida. Parecía muy cansado. Descubrí en sus párpados el mismo tono violáceo que veía durante sus permanencias en la cama. Cerró la mueblería, y fuimos caminando hasta casa. Yo llevaba la cantina vacía.

Al día siguiente su padre fue él mismo con su almuerzo al taller. Regresó tarde, sudadas las ropas y sucias las manos. Comió poco, no habló en la mesa, ni se despidió de su familia al irse a acostar. Tía y sobrino intercambiaron el temor de que no se levantara a la mañana siguiente y se encamara por mucho tiempo. No resultó así. Temprano se bañó, y afeitado y con ropas limpias, se sentó a desayunar. Parecía entonado, dispuesto, aunque apenas habló.

Sigilosamente se levantó de la mesa y abandonó la casa.

Ese día correspondía a Filonús transportar la cantina. Cuando llegué, vi la mueblería cerrada. Toqué en la puerta: nadie respondió. Volví a tocar, y varias veces repetí el toque. Empujé suavemente, creyendo que papá se hallaba ocupado en el taller, y la puerta no cedió. Estaba pasada la llave y puesto el seguro. A través de la vidriera vi las ventanas del taller también cerradas. Algo me extrañó entonces: la cantidad de muebles que casi atestaba el salón de ventas, se había reducido a uno o dos solamente.

Filonús se sentó en el quicio de la puerta y se dispuso a esperar.

Y como sucede en las novelas de Balzac, de repente me percaté de la presencia de una figura humana parada en la acera y que me miraba de hito en hito. Era un hombre, y creo que vecino de la cuadra, de esos que están al tanto de cuanto ocurre en el barrio, y que son muy útiles en momentos parecidos al mío. Me dijo que el dueño no estaba, lo que yo sabía, y que ayer habían venido varios camiones que cargaron con muchos muebles, lo que yo no sabía. Para que el hombre —balzaquiano— ganara confianza y soltara el resto de lo que estaba enterado, me levanté y me presenté como el hijo del dueño. De esto, como balzaquiano al cabo, se encontraba al corriente, y no le puso asunto. Me llamó la atención que nunca quiso vender el arca, y ésta sin embargo se fue en el camión con el resto del mobiliario. Tal noticia sí tenía importancia, y mucho más la última que me dio cuando me dijo, su padre irá muy lejos, supongo, pues se fue con una maleta. A mi vez, como otro personaje balzaquiano, di las gracias y me marché a pasos agigantados.

¡Fue a buscarla!, exclamó su tía, después que Filonús contó lo ocurrido. A él le vino una pregunta idiota a la boca, un reflejo inconsciente, ¿a quién?, y la pronunció sin poder contenerse. A tu madre, respondió la tía, igual que se responde a un niño de cuatro años. Y como a un niño de cuatro años dijo, espérame, mientras entraba en su cuarto y volvía a salir, casi al minuto, completamente cambiada, con cartera y zapatos de vestir. Anduvieron todo Santiago en una máquina de alquiler, mirando ansiosos por las ventanillas, buscándolo. Vaya despacio, vaya despacio, suplicaba la tía con la voz estrangulada, apretado el pañuelito, creyendo ver a su cuñado en cualquiera que caminaba al frente o cruzaba una esquina. En la Socapa se bajaron del auto y anduvieron hasta la orilla. A esta playa venían, decía la tía a cada paso, los tacones enterrados en la arena. Parados en el muelle, en un pánico escrutaron las aguas. Alquilaron una lancha y dieron la vuelta a Cayo Smith, sin encontrar indicio alguno. ¿Qué es aquello flotando en el mar? Un trozo de madera, tía. Vamos, el chofer nos espera. No mires más. ¿Tú crees que se ahogó? Filonús sintió en el brazo el apretón de su tía, sintió casi un rasguño.

Regresaron.

Toda esa noche se quedaron vestidos. Vagaban por el patio y se sentaban en la sala. Filonús entraba en el cuarto de su padre y contemplaba la cama vacía, impecablemente tendida, con su mantón de flores. Volvía junto a su tía, y se quedaba un rato a su lado. La oyó decir y repetir que Isabel quería mucho a su marido, y que él también la quería mucho. Lo está llamando, llegó a confesar. Sé que tu padre ha oído a Isabel llamándolo. Cuando se ha oído ese llamado, ya no se puede hacer nada por salvarlo. Quien oye esa voz, está perdido para nosotros.

Al cabo de varios días, se vio precisado Filonús a abrir su cámara fotográfica. Algo trababa el mecanismo y le impedía utilizarla. Descubrió que habían retirado el rollo sustituyéndolo por un fajo de billetes doblados, apresados por una liga, con una hoja escrita de puño y letra de su padre. En ella le dejaba todo el dinero de la última venta de sus muebles, incluido el del arca, como pequeña contribución a sus estudios. Lo felicitaba por anticipado, y hacía votos para que llegara a ser fotógrafo.

20

Filonús guardó un silencio prolongado. Se sentó en el banco de piedra, junto a Licino. Necesitaba hacer algo, y prendió un cigarro. Rodeados e inmersos por cuanto habían acabado de oír, sentados sobre el mármol, alineados, muy cerca unos de otros, sintieron una extraña soledad: la de haberse dicho todo, tras agotar sus experiencias con los tres muebles elegidos. La soledad que resta (o se inicia) cuando las cosas han terminado.

Licino recordó un encuentro con el Aguafiestas.

Durante uno de sus períodos de evaporación, de esas fases que ellos llamaban *hibernatus,* en que Aristarco desaparecía sin dejar rastro, andaba Licino por Obispo, cuando le pareció distinguir al Aguafiestas. Fue como una visión, algo casi impalpable. Su gran cuerpo se le hizo presente entre varias muchachas que bajaban la calle, sonrientes y conversadoras. Entre ellas parecía estar el Aguafiestas, deslizarse entre sus cuerpos, sonriente por igual, hablándoles al oído levemente inclinado, o tomarlas por el talle y ayudarlas a brincar un charco. La pareció que las llevaba a todas juntas a la vez, en sus poderosos y enormes brazos. Desapareció luego, fugándose como una aspiración de vapor de agua. Las muchachas siguieron por la calle, sonrientes y conversando. Licino tuvo entonces ganas de encontrarse con él, de acercársele y estrecharle aunque fuera la mano. Se abrió paso entre las muchachas. Por su apariencia de rubia blancura, lo creyeron extranjero y lo agarraron por los brazos llamándolo con cadencias eróticas. Licino se zafó mascullando que se buscaran a otro que en verdad fuera extranjero, y continuó por la calle, persiguiendo la aparición de Aristarco. Falsas muchachas que no eran más que putas, manifestó al aire y apretó el paso. Las apariencias le jugaban siempre extrañas pasadas.

Al poco tiempo estaba ante el gimnasio de la Polivalente de Prado. Por encima del ruido de los aparatos y las voces, temió, y deseó a la vez, escuchar la voz del Aguafiestas o uno de sus silbidos escalofriantes. Esperó sin entrar, para no ser sorprendido, pero nada ocurrió. Entró finalmente y se dirigió a las taquillas, se desvistió y se puso un short. Mientras, recordó aquellos días en la playa, acompañado de su madre. Recordó el tiempo que pasaba en su regazo, dulcemente reclinado sobre su seno, y ella dulcemente reclinada sobre un pedazo de madera enterrado en la arena, como si fuera el mástil de un barco hundido. Sin que nadie lo oyera pronunció el nombre de su madre difunta, con el tenue tartamudeo que lo acometía cuando empezaba a hablar. Para evocar su figura, ¿bastaría con pronunciarlo? El nombre sin embargo debió fortalecer el recuerdo: creyó que oía el mar y que latía a sus espaldas el seno de su madre, con su acogedora tibieza. Anduvo unos pasos hacia los aparatos, por el tabloncillo crujiente. Para calentarse hizo un poco de gimnasia. Se sentó después en un banco, y apoyando el codo en el muslo, comenzó a levantar los *dumbbells*. El Aguafiestas ocupaba de nuevo su mente. Licino era todo mirada y todo oídos. Buscaba temeroso de encontrar y deseando furiosamente encontrar. Varias veces se habían visto en ese gimnasio. Después Licino acudía cada tarde esperando volver a hallarlo. Pero el Aguafiestas, cumpliendo con su costumbre de ausentarse cuando era deseado, no había vuelto. Sentía Licino su cuerpo vibrar de la manera en que lo hacía al aproximarse algún encuentro con Aristarco, como si su cuerpo quisiera dar a luz su presencia, como si brotara, perfectamente configurado, del propio cuerpo de Licino. En el banco que se hallaba a continuación del suyo, hasta un momento antes vacío, lo vio entonces. Estaba tendido y en trusa, con la toalla doblada bajo la cabeza. Una mano descansaba, el brazo acodado, entre la toalla y la nuca. Tenía las piernas entreabiertas, y un pie desnudo tocaba el piso. Sus ojos estaban cerrados y parecía dormido. Aferrada la derecha al *dumbbell*, Licino lo bajaba y subía con un movimiento fuerte, tenso, vuelta la cabeza hacia el Aguafiestas. Al fin podía verlo desnudo. Más que verlo, revisarlo, ser prolijo, detenerse en sus hermosas piernas, en el pecho, y luego, largamente, en su sexo, que parecía, bajo la trusa, latir excitado. Representaba para Licino una revelación, la llamada de una voz secreta. ¿No era acaso la predestinación? Algo fijo en su sangre, en su carne, en su mente, en su mismo sexo agitado ahora, también levemente erecto, estaba como determinado, al igual que la fealdad y la belleza de la tía y la madre de Filonús. Él también, mientras accionaba las pesas, podía preguntarse por aquella inclinación, aquel período prenatal, por aquel impulso ingobernable que lo arrastraba a contemplar el sexo del Aguafiestas. En verdad, a desearlo. No tenía que disimular ni disimularse en aquella soledad del gimnasio. Predestinación, se dijo bajo y con tono grave.

¿No era hasta cierto punto ridículo?

¿Por qué despreciar la predestinación, odiarla, temerla o intentar apartarse de ella? Sería más sano y más sabio entregarse, dejarse arrastrar hasta el centro del propio cumplimiento. ¿No lo hizo así el santo? Pero él no sentía el llamado de la divinidad, sólo sentía el llamado de otro hombre. De aquel hombre imponente, plagado de misterioso atractivo, echado en el banco, tocando con la punta del pie la madera del suelo. En un momento quiso cambiarse por él. Quiso ser el Aguafiestas, pasarse a él y perder su identidad por completo. ¿Qué era eso en realidad? Palabra terrible, con su aire forense. ¿Dónde se hallaba el "sí mismo" en un momento semejante al que estaba pasando, en que su mirada no podía, literalmente no podía, apartarse de aquel cuerpo durmiente? No era nada. Apenas existía. Un latido apagado, miserable. Su identidad se diluía flotando. Y si anhelaba pasarse al Aguafiestas, era la mejor manera: flotar y caer dulcemente sobre él, dulcemente, como su madre se recostaba en el mástil imaginario. Sus músculos eran más poderosos y evidentes que los suyos, más grandes sus manos y sus pies, mayor su inteligencia y más lúcida, su sexo muy dotado... ¿Por qué no admirarlo, entonces? El resultado de la admiración consistía en proponerse un cambio. Intentar pasarse a otro. Pensó de pronto, en medio de su ardor, en el padre de Filonús, con su afán de construir el arca: ¿en el fondo no se trataba de lo que le ocurría? Dejó en suspenso los *dumbbells*, y se dio cuenta de que estaba recostado, su triste cabeza confundida, pegada a la pared. Con fluencia imprevista se dijo que acababa de darse cuenta de que existía una clase singular de deseo: el deseo punzante parecido al dolor.

Pensaba en Actité, oyó decir al Aguafiestas mientras se incorporaba en el banco, como si saliera del sueño. Voy a hacer un poco de barra. Licino creyó que salía de un resplandor, y lo vio avanzar descalzo, hasta el centro del tabloncillo donde se encontraban las barras. Su piel morena hacía resaltar la blancura de su trusa. Un color que se podía oler a distancia, semejante al olor del yeso, pensó Licino recordando un olor que le venía desde su infancia. Una blancura limpia, el aroma de la limpieza. El yeso estaba esculpido en relieve, mostrando los contornos de su sexo prominente. Perdida la erección, se había ido suavizando. Le oyó decir al propio Aristarco en La Torre de Marfil, durante aquella larga conversación alrededor de unas tazas de té, que el blanco era inquietante, turbador, otorgaba un aspecto vivaz y tenía una constante ambigüedad: iba desde el sentimiento místico hasta el acrecentamiento del deseo erótico. Repitió un verso que había dicho Aristarco: "En el sexo ardía una flor." Ahora, pensó Licino un tanto sonreído, era una flor cerrada en el extremo de un vigoroso tallo.

Con la indolencia arrogante del cuerpo hermoso, el Aguafiestas avanzó hasta las barras. Ese movimiento del cubano, un ligero golpe de cintura, gracilidad muy viril y remotamente femenina.

Un andar en su misterio dúplice, como él mismo diría. Algo que podía llegar a ser una delicia ambigua. Licino estaba subyugado. Tras un ademán diestro, el Aguafiestas se frotó las manos con el saquito de pez rubia y alzó la cara hacia la barra de hierro. Licino apartó la vista, sintiéndose en un vértigo, y la detuvo en sus pesas, inmóviles junto a sus pies desnudos. El Aguafiestas apenas lo había saludado. Todo su saludo había sido hablarle de Actité, darle su nombre como explicación de su fogosidad. Pensaba en Actité, se dijo Licino, repitiendo la frase de Aristarco. ¿Lo vería él desde la barra? ¿Se habría percatado de cuanto le ocurría, descubriendo su secreto? Sin duda, resultaba difícil escapar a la perspicacia del Aguafiestas. Cuando estaban cerca, Licino experimentaba la sensación de ser descubierto. Algo huía de su cuerpo, sus ojos brillaban de otro modo y su boca se humedecía. Si esto era así, cómo dudar de que el Aguafiestas recibiera el mensaje y lo desentrañara. Sin poder evitarlo, volvió a mirar. El Aguafiestas saltaba en ese momento y quedaba al instante colgado de la barra, aferradas sus manazas y suspendido por sus fuertes brazos. Licino pensó que nunca él hubiera podido saltar de esa manera tan limpia, tan ecuánime, y a su deseo se unió otra vez la admiración.

Los brazos levantados de Aristarco dejaron al descubierto el abundante vello de sus axilas, que inundaba sus profundidades y se extendía espeso por el pecho, formando una negra madeja alrededor de las tetillas, y bajaba luego hasta el ombligo, semejante a una cruz.

Se balanceó y sus dedos desnudos avanzaron en el aire. El aire parecía acogerlo y abrirse a su mandato. Abrirse como Licino hubiera querido abrirle paso al cuerpo del Aguafiestas, para recibirlo en el suyo. La barra crujió, combándose ligera. El Aguafiestas se detuvo y el aire se detuvo. Aristarco comenzó a levantarse. Crecieron sus músculos en los brazos y en sus hombros, adquiriendo una brillante tersura. Entonces Licino vio aparecer gotas de sudor, que aumentaron el brillo de la piel y dieron a aquella dureza una suavidad repentina. Tuvo deseos, casi incontenibles, de acercarse y lamer esas gotas. Se pasó la lengua por los labios y los sintió salobres. El pecho de Aristarco rozó la barra y se sostuvo en alto vibrando. Repitió el movimiento y realizó una rápida serie de flexiones.

Una especie de violencia se había apoderado de él. O mejor, brotaba de su cuerpo. Violencia o vitalidad, no atinaba Licino a definirla. Sólo pudo explicársela como un exceso que vibraba por sí mismo, solitario y un tanto inútil. Era una exuberancia indiferente, una sobreabundancia, que generaba el propio Aristarco casi sin darse cuenta ni tener razón aparente. Violencia o vitalidad que intentaban eclipsarlo como persona. Todo cesó de pronto, cuando terminó sus flexiones y de un salto se descolgó de la barra y quedó solo, de pie, con los brazos a lo largo, moviéndose ligeramente.

Licino apartó la vista y enrojeció de vergüenza: notó que estaba erecto, casi desde el primer momento. Su short era corto y liviano y tuvo miedo de que el Aguafiestas lo notara. Tuvo miedo de que soltara una estruendosa carcajada homérica. Ahí estaba indefenso, recostada la espalda en la pared, mirando desnudo y brillante de sudor el cuerpo que tanto había ansiado ver. El choque de verlo desataba su miedo a ser descubierto. Cerró los ojos y cruzó las piernas, hundiendo con el ademán su erección. Esperó que el Aguafiestas lo saludara y le pusiera una mano en el hombro. Nada ocurrió y volvió a abrir los ojos: el Aguafiestas no estaba.

Licino fue a las duchas y se masturbó.

Mientras miraba fumar a Filonús, pensó que su soledad (y tal vez la de todos) se parecía a la del actor, al abandonar el papel que representaba, finalizada la función. Igualmente la noche, alcanzada su plenitud, su punto culminante, en su esplendor manifestaba los primeros síntomas de la venidera conversión. Pese a que la oscuridad se había densificado, atenuada sólo por las farolas, eran evidentes los signos anticipadores de la llegada de la luz. Nunca es más oscuro, se dijo callado Licino, que cuando va a amanecer. Sonrió al pensar que este proverbio montuno, por su imprevisto matiz pitagórico, complacería a Actité.

La reaparición del Aguafiestas podría abolir la soledad. Los cuatro comenzaron a compartir la necesidad de que Aristarco Valdés se apartara del árbol y volviera a participar, nuevamente entre ellos. Pasábanse la pregunta del uno al otro: ¿cómo hacer para que de nuevo estuviera Aristarco? Miraron ansiosos al árbol inefable. ¿Sería ese árbol —laurel o álamo— su morada? ¿Acaso el Aguafiestas era un espíritu arbóreo?, se interrogó Jenofonte con ironía cariñosa. ¡Druida, te invoco!, estuvo a punto de clamar. Aristarco proseguía —solamente— insinuado en la noche, un tanto en la lejanía. Y a todos pareció, creyeron o anhelaron, que la necesidad y el deseo de que reapareciera empezaba —gradualmente— a configurar su regreso. Lo habían oído decir muchas veces, siempre que me extrañen, reapareceré, siempre que piensen en mí, reapareceré.

Vieron por fin que algo se movía sobre el tronco. Se despereza, pensó Actité, y como él diría, vuelve a su materia. Ella recordó, casi musitando, que bien fuera álamo, laurel, encina o ceiba, el árbol concentraba las virtudes germinativas. ¿No era como la vida, el árbol? Crecía, proliferaba, y algunos podían, antes de secarse, regenerar sus propias energías caducas: renacer de su propia muerte. Recostado en el tronco, Aristarco participaba de su verticalidad. Con ella el árbol reunía el mundo terrestre con el estelar. El cigarro entre los dedos, alejado de los labios, Filonús se dio cuenta de que Aristarco, como él mismo hacía en la cama, tenía cruzados los pies, sosteniéndose solamente sobre el izquierdo. Ambos pies sin embargo se afirmaban encima de las grandes raíces retorcidas, ignorando una suerte de cuadrado alrededor del tronco, que protegía al árbol e intentaba convertirlo en un objeto civil. El cuerpo de Aristarco Valdés comenzó a desprenderse del árbol, y les pareció, impresionados por el relato de Filonús, que apartaba las sombras de la noche, como si apartara de su cuerpo las sábanas del lecho. Realmente, ¿habría dormitado mientras ellos, intercambiándose recuerdos, conversaban? Entonces, estremeciéndose, oyeron el silbido, un silbido largo, y luego otro dividido en dos. Luego otro más en tres partes, cortas y agudas. Lo vieron después avanzar hacia ellos, en dos o tres zancadas. Y después oyeron una de sus carcajadas homéricas, una apoteosis de risa. Y después, ya totalmente configurado, oyeron su prodigiosa voz inolvidable. ¿Me extrañaron? Con la cabeza y la voz asintieron los cuatro. Ya conocen mi divisa: siempre que me extrañen... ¿Pensaban en mí? El coro de amigos, sintiendo que la soledad anterior empezaba a esfumarse, confirmó de nuevo. Ya conocen mi divisa: siempre que piensen en mí... Aproximó su bello cuerpo gigantesco y les puso a cada uno, por turno, la mano en el hombro.

¿Nunca tu tía confesó a tu padre que lo amaba?

Aristarco hizo la pregunta con una entonación afirmativa, dando el hecho por cierto, como si preguntar fuera puramente retórico. Filonús se estremeció. Un lento escalofrío lo recorrió, tiró el cigarro y lo aplastó con el pie. De eso no había querido hablar, y ahora Aristarco, acorde con su método, lo mencionaba, destacando, además, su silencio deliberado. Un poco antes de morir, su tía lo llamó, y acariciándole la cara, moribunda y desfallecida la voz, le confió que siempre había amado a su padre. Nunca se lo dijo, y ella hubiera querido morir sin decírselo a nadie. Era muy tarde, y no valía la pena confesarlo. Filonús notó que comenzaba a desvariar. Ella le apretó la cara, y las manos luego, sujetándolas con una fuerza que se extinguía. Filonús estaba dispuesto a guardarle el secreto y a serle fiel, sin decírselo tampoco a nadie, hasta su propia muerte. Sintió, de pronto, que el Aguafiestas —sin duda no estuvo dormido— era como una porción suya, aquella a la cual dijera que nunca confiaría a nadie que su tía amó secretamente al marido de su hermana, y era a esa porción a la que él constantemente ordenaba callar.

La pregunta del Aguafiestas se quedó sin respuesta.

Admiro tu fidelidad, dijo de repente Aristarco, y aspiro a contarte entre mis perennes amigos. Cuando tu tía te recomendaba acostarte con la cabeza hacia el norte, a continuación opinó con tenue emoción —la que se iría transformando en un tono amplio y magistral—, orientación favorable al flujo de las corrientes magnéticas, seguía, quizá sin saberlo o sabiéndolo por atavismo, uno de los principios de la geomancia: permanecer consciente de la rotación de la tierra, del paso de las estrellas y de la corriente de los ríos. Con ayuda del compás geomántico, se determina la organización incógnita de un lugar, la influencia que los elementos naturales —agua, viento— ejercen sobre él. El compás señala las fuerzas contradictorias de un paisaje, perniciosas o benéficas, las opone y concilia, amigos míos, insaciables contertulios, las armoniza. Eso hizo tu tía al cambiar de lugar tu cama y emplazarla en el centro del cuarto, bajo una ventana abierta al cielo, por donde asomaba un plátano sonante —el de Heredia, coterráneo tuyo, Filonús— como fuerza benéfica del paisaje.

Esperado Aristarco, se te olvida algo, observó Actité.
¿Qué?
Ella se demoró en decir que en el compás geomántico y en su auxilio, aparecían los números. Te he dejado ese aspecto emblemático, dijo sonriendo el Aguafiestas. El compás va de un número a otro, del cielo lluvioso al cielo soleado. No necesito decirles que su fundamento lo son dos principios antitéticos, *yin* y *yang*, porque lo conocen y no quiero ser pedante ni aburrirlos. En resumen: el emplazamiento perfecto es aquel donde los dos soplos opuestos que recorren la tierra se neutralizan y acercan lo más posible, sin formar un torbellino, terminó Actité, devolviéndole la risa al Aguafiestas.

Ignoro si se fijaron al sentarse o lo hicieron a propósito. ¿Qué hicimos, Ari? Fue Jenofonte quien indagó. Están situados de espaldas, pero en dirección al norte. ¿Casual? No, yo mismo me respondo. Por nuestra admirada Actité sabemos que no existe la casualidad ordinaria, sino en casos individuales, y ustedes forman un conjunto casi escultórico. También en el árbol estaba yo situado en busca de influjo magnético favorable. Creo que esta noche tal influjo les otorgó el preciado don de la elocuencia, decían en la antigua Alejandría, o el del discurso, se dice ahora, dándole a esa vieja palabra un nuevo valor. Noche de conjunciones, sin duda. Si vuelven la cabeza, verán detrás el Templete, conjunto neoclásico, rematado, en los extremos de sus pilastras, por un detalle excéntrico: varias piñas barrocas.

En uno de esos bruscos cambios de estado de ánimo, a los que había acostumbrado a sus amigos, dijo que era mejor caminar. Llevaban demasiado tiempo en el mismo sitio. Los invito a ver el mar, que no está lejos. Estiremos las piernas y despejemos la mente. Han pronunciado varios elogios esta noche, y nadie se acordó de dedicarle uno al caminar. Para mí la suprema de las posiciones no es estar sentado, reclinado o acostado, es estar caminando. Al menos, ya que en sus caras veo un aspecto negador, resulta en este instante la más apropiada, no les vaya a dar un calambre.

Sin aguardar la reacción de sus amigos, se echó a andar sin mirar hacia atrás. Tampoco era menester: los cuatro habían dejado el banco y lo seguían. El paso gimnástico del Aguafiestas no era propicio al diálogo. Sólo de cuando en cuando, como centinelas que se pasan la voz, podían cambiar con él algunas palabras. Pero sus mentes no permanecían ociosas: Aristarco hablaba de la noche habanera, la que en ese instante alcanzaba su mayor misterio, y de la pasión por la noche. Estimulados por sus opiniones, los amigos parecían dialogar a distancia con él, pese a la rapidez de su andar. Sus palabras, llegando hasta ellos, salían como de los extremos de sus grandes espaldas. Si pensaban de modo distinto, discutían con él sin discutir o aprobaban para sí mismos, tenían sin embargo la sensación de conversar, marchar juntos y hablar al unísono.

La belleza serena, a ratos pavorosa, de la noche —cuántas veces te me has engalanado, oíanlo citar—, los reunía y atemperaba. Momentáneamente seguros de su reaparición y consolados, sentían una especie de potencialidad sin término, sin nombre, mientras andaban la acera del viejo Castillo de la Real Fuerza, someramente iluminado por el alumbrado amarillo de la calle, que al fondo semejaba una mole de sombra con su pequeña torre vigía. A ella, siglos atrás, subía cada noche Isabel de Bobadilla, para esperar que entrara, por la boca del puerto, el barco en que regresaría su esposo: espera que resultó vana: nunca más volvieron a verse. Oían la palabra tronante del amigo marchando al frente, como si, convertido en guía nocturno, abriera el seno oculto de la noche y apartara las sombras con sus grandes brazos. Pese a estar distantes, experimentaban su vitalidad. Se sentían acompañados, como solamente él sabía (o podía) acompañar. Compañía que los llenaba de sobresaltos, interrogantes inesperados, burlas y desplantes, ponía en tensión sus fuerzas e infundía el temor amistoso de quien se asomaba junto a ellos en el espejo, pero compañía cálida, interesada en sus vidas, sin indiferencia. Solía con frecuencia ser tan íntima y propia como si de él salieran, él brotara de ellos o de lo que quisieron llegar a ser. Nunca debía faltarles. Nunca debía ausentarse.

Los antiguos llamaron a la noche —llegaban de nuevo sus palabras— madre de los dioses. Creían que la noche precedía la creación de todas las cosas. Por eso, amigos y amiga, y lanzo mi voz a la oscuridad al igual que lanzó Igitur sus dados a la profunda medianoche, por eso en ella existe algo fértil, de virtualidad perenne. Es inicio o anuncio de todo. Luego, tras una zancada más, rectificó, ya sé, ya sé, volvieron a oírlo decir, que la lógica niega tales comienzos. No obstante, se trata de una de las maneras que tenemos en la tierra, en las antiguas cosmogonías, de aproximarnos y explicarnos el enigma físico del mundo. Volvió a citar Aristarco otro verso o el pedazo de uno, toda forma es un gesto, y otro a continuación, el enigma es el soplo que hace cantar la lira, y dio por sabido, lo que acostumbraba hacer con frecuencia, el nombre del autor. Las cosas parecían comenzar, porque a su vez parecían terminar. Gritó que no pensaran en el telescopio ni en los finos aparatos actuales de medición astronómica. ¿No se extingue el resplandor de la mirada, la belleza de un instante, al igual que el astro del día se pierde para nuestros ojos simples? La noche se abre al nacimiento de la luz. Y ahí Aristarco encontraba una manifestación de la dialéctica: de las sombras, la luz. Licino suele mencionarme un adagio o refrán campesino. Y viene aquí como anillo al dedo, o como dedo al anillo. Dice el refrán que "nunca es más oscuro que cuando va a amanecer". La noche es la simiente, la semilla. Promete y prepara el día, tan secreta y oscuramente como la tierra prepara la primavera. Ya los antiguos presintieron que una cosa da nacimiento a su contraria, por transiciones medidas, ordenadas. Y en un cambio de humor, muy frecuente en Aristarco Valdés, gritó que si la tierra continuaba girando, por supuesto, y soltó una carcajada. Puede ser al revés: la luz, engendrando, paulatina, la sombra. ¿Acaso no es el sol lo permanente, su luz incansable, en rotaciones, traslaciones? Discúlpenme, amigos, si existe en mí el aguador profesional de ilusiones.

Solamente tenía Aristarco un propósito: hacerles sentir por un instante el misterio de la noche, que pudieran recuperar esa sensación casi perdida para el hombre moderno. Inesperadamente se detuvo, sin volverse hacia ellos. Es una sensación inencontrable, musitó. Querido Aristarco, gritó Actité para que pudiera oírla, la explicación de un misterio no disuelve lo misterioso. Lo misterioso está en que se cumple. Tras la noche llegará la mañana. El Aguafiestas se paró en seco, abrió los brazos y clamó, ¡dame el número de la noche, Actité! El uno es la luz, el dos es la noche. Vieja batalla entre la luz y las tinieblas, dijo de pronto Aristarco.

Bajó los brazos y reanudó su andar.

De espaldas y sin detenerse, lo oyeron mencionar las diferentes experiencias de la noche. Como tantas cosas, como el sentarse o el acostarse, estas experiencias eran históricas. Sé que Actité siente desconfianza de la Historia, con mayúscula. Pero lo que ella cree también es histórico. Dudar de la Historia está en la historia. Las experiencias de la noche, a las que se refería el Aguafiestas, podían distinguirse con facilidad, tal vez imaginarse. ¿O sentirse acaso? Esto le parecía dudoso. Después, si les interesaba, podría contarles su experimento personal. El hombre primitivo, volviendo al desarrollo del discurso... ¿Primitivo por qué? Sin embargo, aclaró, debía seguir la costumbre llamándolo de tal modo. Para poder entenderse, mediante la gastada lengua humana, había que hacer algunas concesiones. El hombre primitivo debió de sentir ante la noche un pavor inexplicable, como se sienten el pavor y lo inexplicable: algo que nos atrae y a la vez nos rechaza, hacia lo que se va paso a paso y con los ojos muy abiertos. Así, tiempo después, serían los griegos: todo vista. Para ellos regía el sentido de la vista por encima de los sentidos restantes. Lo que resultó una novedad inaudita. Tuvieron del mundo una imagen óptica, objetivada, como solamente la vista puede alcanzar. Hicieron una cultura de la luminosidad, de las cosas en la luz. Y toda cultura de la luminosidad, continuó Aristarco, se basa en el oculto temor a las sombras. Cuando Ulises descendió al mundo subterráneo, la sombra de su madre muerta le ordenó abandonar inmediatamente las tinieblas, y volver sin vacilar a la región de la luz. Para el griego existió el cuerpo, no existían el paisaje ni el crepúsculo, descubrimientos, y en parte invención, del hombre del diecinueve. Todo era cuerpo para el griego. Cuerpos que habitaban y se movían en un espacio limitado, cerrado en sí mismo. El sistema geocéntrico de las esferas, su música sideral. Amante de la luz, el griego creyó siempre en el mal que podía infligirle la sombra. Creyeron, supuso, lo mismo en la India clásica. Aristarco mencionó entonces el *Bhagavad-Gita*, único poema filosófico verdadero salido de las manos del hombre, donde la penumbra y la luminosidad entablan su batalla sempiterna, como símbolos del bien y del mal, del falo y el pubis. Pues Actité no lo ha mencionado, y ha dado sin embargo los números sin decirnos, porque es una mujer y no pretende demostrarnos nuestro machismo insultante aun en la poesía más alta, que el uno es el falo, y el dos, largamente temido, la vulva. Para nosotros en esta isla, la araña, la papaya. Para mí, no obstante, y recuerdo una línea que citara Filonús, árbol a todo apetito provechoso.

Ahora le tocaba referirse, porque vino después, a la noche como misterio. Misterio habitable, aclaró. Morada en la que se puede entrar, no sin cierta aprensión. Ya estaba instalado el alumbrado de gas en las ciudades y en el interior de las alcobas. Con un pequeño sol inventado en sus manos, el hombre recorría las calles tenebrosas, y podía alejar lo natural, trazarle una raya divisoria. Se sentía ufano, alegre, altivo, enamorado, y un tanto divino. Sin embargo en balde, dijo de improviso el Aguafiestas. Quedaban a ese hombre, y nos quedan felizmente a nosotros, el resabio del antiguo pavor y la curiosidad por el enigma no resuelto. Un pequeño descuido, el viento que apagaba la lámpara, lo hacía estremecerse ante la noche, sentirse de nuevo indefenso.

Aristarco sentía cierta seguridad: pensaba que aún el hombre se estremecía ante la noche. Pese a su conocimiento de que ha de volver mañana ¿no es triste ver el sol, ese planeta mediocre, irse por un rato de nuestra vista? En vano cada día se presencia el mismo espectáculo: ejerce idéntico influjo, su efecto tristón. Advirtió de paso que se refería al hombre de la ciudad, al que dejaba testimonio. El hombre del campo carecía de tal preocupación. O el de la ciudad no le permitió testimoniarla. Su experiencia, sin embargo, resultaba semejante a la del primitivo. La noche en el campo, en algunas regiones abandonadas, sin electricidad o sin candiles, es pura, casi total, como la noche de la antigüedad. Debe producir una impresión devastadora, achicadora de nuestro orgullo. La sombra nos pone chiquitos, a punto del babeo.

Volvió Aristarco Valdés a referirse al habitante de las ciudades modernas, cuando dijo que ya Baudelaire, quien tenía una inclinación por la noche, por el aspecto benéfico de la noche, pudo llamar a las tinieblas "refrigerantes", y Aristarco trazó en el aire nocturno el signo de las comillas. Es decir: algo que lo acogía, lo salvaba de la vigilia y del dolor de la vida consciente, y quizá tenga que poner otras comillas aéreas. ¿No sería esta tiniebla como el oscuro útero materno, lugar privilegiado para un adulto, mitigador de su pena y en la que entraba con cierta complacencia de niño abandonado? Su inclinación por la noche fue más lejos y pudo más. En un célebre soneto, su pena es su querida, y la noche, dulce. Dice en el último verso, amigos, y lo traduzco para ustedes: Oye, querida, oye la dulce noche que avanza.

Tras un silencio, Aristarco se detuvo otra vez. Habían pasado los fosos del Castillo de la Real Fuerza y se encontraban en el llamado parque de los Filósofos, casi al pie de la estatua de Félix Varela, con su base de piedra carcomida por el salitre de la brisa del mar. Cuando ya el grupo se le acercaba, reanudó Aristarco su caminata. Por igual tuvo José Martí, o padeció quizá, la pasión por la noche. Fue tan profunda y extensa, que lo llevó al punto de afirmar que no tenía una patria, sino dos: Cuba y la noche. En su caso asombroso, las dos lo habían parido.

Debemos resignarnos, ya somos hombres modernos, vivimos en grandes ciudades iluminadas, plagadas de fulgores, derrochando petróleo, con avenidas y policía. Para nosotros es casi imposible gozar de la noche auténtica. Gozar de su primera fase, la noche física. La otra fase, la segunda noche, tal vez resulte para nosotros más intensa y pavorosa.

Se detuvo y se dejó alcanzar. Estaban de pie, sobre el gran círculo de arena que circundaba la estatua de otro filósofo, Luz y Caballero, ocupando su silla de bronce verdinegro, con las piernas cruzadas. Llamaban siempre la atención de Actité los pies calzados del filósofo, y un zapato levantado y solitario en el espacio. En un involuntario gesto ancestral, lo señaló callada y como para sí misma. Los cinco a su vez —de nuevo el cinco imperaba entre ellos— formaban un pequeño círculo dentro del círculo mayor de arena.

¿Se figuran la noche medieval?

Dejó Aristarco la pregunta sin responder y alzó una de sus grandes manos, apuntando algo invisible. Plena, absoluta, pareció responderse. En sus casas, mal alumbradas, la gente se recogía temprano. Muy pocos se aventuraban a salir, a dar un paseo vespertino. Las calles eran pronto dominio de las sombras y reinado de lobos aullantes.

¿Se figuran la noche del diecinueve?

Dejó la pregunta sin responder también por un rato. La iluminación de la Plaza que hemos dejado atrás, restauradas las antiguas farolas y restablecido el alumbrado de gas, podría parecerse a la experiencia original de ese siglo, proporcionar parte de esa experiencia. Pero sería, en verdad, ilusoria. Ya no está, como de seguro estaba en el diecinueve, rodeada de sombras. Hay un ejemplo cercano y paso a comunicárselo: las novelas de Villaverde. Apuesto a que les ha sorprendido, durante su lectura, la abundancia de oscuridad que se encuentra en ellas a cada paso, o cada página. Sus personajes, al caer la noche, se convierten en bultos. Pierden su aspecto de personas, y parecen, envueltos en paños, avanzar como un montón indescifrable de telas negras. Repito: bultos. Nombre exacto que, en medio de su perplejidad, emplea el propio Villaverde para designarlos. Como apenas se veían, tropezaban unos con otros, y al tropezar se preguntaban sus nombres, obligados a identificarse a cada instante, y a corta distancia. Andaban con velas y palmatorias. Temerosos de la oscuridad de la calle, cerraban, o mejor, trancaban, la puerta y las ventanas de sus casas. Las sombras se habían apoderado, dentro de ellas, de rincones y escaleras. La escasa claridad que esparcían las lámparas de gas y las velas de sebo, no alcanzaba a disiparlas. La noche se colaba por debajo de las puertas y por el marco de las ventanas cerradas, reptaba por las escaleras simulando, como evaporación terrestre, subir desde las plantas del patio ennegrecido. Las luces vacilaban. Eran tan frágiles que el viento o la yema de los dedos podía apagarlas. Una pregunta angustiosa recorría las estancias: ¿quién va? ¿Quién va? Se la oímos pronunciar a cada personaje. Tantas veces la pronuncian, tantas veces la gritan y la vocean.

¿No hay flores que se abren al día y otras a la noche?, interrogó de pronto. Flores espléndidas, trémulas ante la luz, trémulas ante la oscuridad, que perfuman locamente, obedientes a la mano de luz o de sombra que las toca. Pues así, por igual, cada época tiene una relación singular con el día y con la noche. Si los historiadores no se dejaran aturdir por el brillo efímero de las armas y el fragor criminal de las batallas, habrían estudiado como se debe tales relaciones y su proceso, cosas esenciales para nosotros. Y, además, cada época, dijo en su tono altanero, no tiene sólo experiencias y conceptos, sino, al igual que las flores, tiene su hora significativa.

¡Ejemplos!, oyeron pedir en voz alta a Filonús.

El Aguafiestas no se inmutó. Avanzó al centro del círculo integrado por sus amigos, yo no tengo teorías, sino ejemplos, replicó desbordante.

Aquí van unos cuantos.

En medio de una claridad seca, que resaltaba el violento color de máscaras y túnicas, los antiguos griegos realizaban sus representaciones teatrales, a plena luz y en espacios abiertos. Eran representaciones matinales, y los objetos destacaban sus aristas en la diafanidad del aire. En cambio, en la época de Christopher Marlowe y William Shakespeare, el inglés de Aristarco resonó con un toque bárbaro, las representaciones teatrales se llevaban a cabo en el atardecer. Eran espectáculos crepusculares. Momento en el día del cual no hemos hablado, y hubiera valido la pena hacerlo. Nuestras representaciones, Filonús, son nocturnas, delante de candilejas parpadeantes o debajo de potentes reflectores y rayos láser. Frente a las cosas, la luz solar dilata el espacio. De noche, por el contrario, el espacio se ahonda, pierde extensión y gana profundidad. La noche parece abolir la materia. El cine de nuestro tiempo, y va el último ejemplo, es un arte de la penumbra, iluminada a medias. La función cinematográfica, por la que sienten tanta afición, se realiza en un oscuro espacio cerrado, especie de cámara fantasmagórica, casi mortuoria. Carece de importancia que en el exterior reine el sol, el más potente, el que raja las piedras, si dentro predomina esa penumbra graduada, deliberadamente artificial, deliberadamente humana. Pero que resulta sin duda, amigos, una parodia de la noche. Podemos cruzar la calle. Nos espera, supongo humanizando, el mar.

Las palabras de Aristarco Valdés, o mejor que las palabras y su sentido, su impulso, su empeño en aproximarlos al enigma de la noche, habían creado como un trasfondo en las cosas. Por errónea que fuera su valoración, y varias veces quisieron dar salida a sus reparos, agregar, rectificar o apuntarle un olvido, un dislate, se basaba en un auténtico entusiasmo, contagioso, resplandeciente, que acertaba en lo fundamental: generar un *humus* de sensaciones e ideas peculiares. Tenían sus amigos la impresión, casi dirían que física, de que sus poros se hubieran dilatado y la piel adquirido sensibilidad, el oído vuelto más fino y la mirada más perspicaz. El rumor de las hojas del parque, y el ruido del mar y de los pocos autos que atravesaban la avenida, sonaban con una cualidad distinta. Qué aguda sensación de alegría. Sus vidas anteriores a su encuentro con Aristarco, en comparación, carecían de sabor, ajenas al descubrimiento de esta relación entre ellos y el mundo. Todos parecían hablar, y nadie hablaba. El propio Aguafiestas quebró el hechizo, cuando, llegados a la acera del Malecón, preguntó, ¿qué más falta? Cuéntanos lo que hiciste con la noche, pidió entonces Actité.

21

Caminemos.

Era cierto: víctima de su sobreabundancia y verbal impulso, mencionó su experiencia personal con la noche. De "experimento" la calificó, con un poco de sarcasmo. Prometió, llevado por el caballo invisible de la perorata, contarla más tarde. Pero mención y promesa fueron hechas fugazmente, sin reparar mucho en ellas. ¿Por qué se detenía Actité en una línea accidental? En vez de mirar la figura, se detenía en el paisaje pequeño que trazaban en sus cuadros los pintores renacentistas. Él solía referirse a tantas cosas de paso, sin esperar que en algún instante se le pidiera detenerse en ellas y abundar. Los otros parecían ser más fieles y tener una memoria más activa. ¿Por qué serían tan puntillosos...? Si mencionó el "experimento", lo hizo por instantánea imposición del recuerdo, para que permaneciera sin desarrollar, semejante a esas larvas que flotan en cualquier conversación, y en los malos escritos. Lo hizo, si el decir era un hacer, sin mucha seriedad. O bien sin compromiso tácito de volver a tratarlo y consagrarle un tiempo oral, como todos los suyos. Orales eran su vida y su obra, y la lengua, su instrumento más perfeccionado. Tendría que recordarles la divisa, si no la única, al menos de las esenciales: trazar en la arena, fundar en el viento. Varias cosas se habían quedado detrás. Las tres razones para releer, enumeradas por Emile Faguet, podían servir de ejemplo. ¿Quedado atrás o detrás...? ¿Dónde...? Cada instante desaparecía, cada momento, según enseñara su maestro Heráclito o según creía entender de sus enseñanzas, y eran agua en el agua. ¿No quedaron sin mencionar ciertos factores de la conversación? Había cabos sueltos, medusas, o más exactamente, sargazos, sobre los enemigos del conversar. ¿Acaso iría viendo Actité *la cosa*? Él se entregaba a las incitaciones del momento, seguía una estela en el río heraclitense, y luego otra distinta, y luego iba en pos de la contraria, pues siempre imaginó dicho río con dos direcciones opuestas. Al final estaba seguro de que afluentes y corrientes opuestos confluirían en uno solo. Si así ocurriera, tendrían una manera singular de permanencia, insospechada por el filósofo griego. Aristarco sonrió de repente. Se preguntaba si esa parte dedicada a la permanencia de lo que fluye, si tal síntesis dialéctica, se habría perdido, no en el río, sino con la desaparición de los cuantiosos manuscritos del propio Heráclito.

La petición de Actité podría tener una razón diferente. Antes que él, sus amigos, incluyéndola también a ella, narraron sus experiencias con las tres posiciones. Actité podría pensar que su "experimento" era también una experiencia, y digna de ser contada. La miró y trató de recordar, darle taller al "experimento", a lo que él había hecho con la noche, según se expresara la de los variados anillos de hierro. ¿Sería, en el fondo, como estar sentado o como estar acostado con la noche? Entre tantas cosas, también la noche era la morada de Eros.

Desde su aparición en La Torre de Marfil, le había ofrecido Actité su oposición, a ratos el consentimiento, sus interrogantes sutiles, la mirada negrísima, luminosa, y el espectáculo inquietante de su cuerpo. Algo existía en ese cuerpo de belleza sugestiva. Tras encontrar la respuesta del número, parecía Actité comunicar a su cuerpo la armonía. Veía el mundo como un *kosmos:* orden, hermosura, correspondencia, música sideral. De su cuerpo emanaba el sosiego, un acorde suave, dulcemente previsto. Esta quietud, ajena a la manera que tenía Aristarco de ver las cosas, lo inquietaba. Y no sólo esto: exaltaba su eros. En ciertos instantes, durante la conversación en el restaurante chino, buscó rozar sus manos, aproximarse a su piel, saciar aunque fuera un tanto el deseo de tocarla, comprobando a la vez la impresión que hacía mirarla y tenerla cerca, impresión de serenidad como apresada en su carne. No sólo tocó sus manos, también acercó y pegó a las suyas, debajo de la mesa, sus rodillas. Estuvo así un rato, rato impreciso y conmovedor, temeroso de que Actité se apartara. Pero no lo hizo: nada en su cuerpo parecía rechazarlo ni oponerse al deseo. En el sexo sintió un estremecimiento, y terminó por apartar las rodillas, temiendo aumentar la excitación. Sin dejar de hablar, participando en el juego profundo y la fiesta mental, ligero y grave, entre finezas y destellos, se supo solitario y abandonado: voluntariamente se separaba de la mujer que alcanzara una respuesta al enigma, y la llevaba como un talismán sobre su cuerpo.

Volvió a desearla más tarde, camino de la Plaza de Armas, y cuando la vio sentarse en el banco y cruzar las piernas. Quiso —absurdamente— quedarse solo con ella, que sus amigos se esfumaran y que en la Plaza ocurriera un apagón repentino y pudiera tomarla de la mano, cargarla en sus brazos insatisfechos y llevársela con él. La noche lo hacía divagar, la ciega, la apasionada noche. Era la hora en que los sentimientos se agravaban. Cumplidos los requerimientos del día, trabajo y horarios, daba comienzo la pasión de la noche. Alterado su ritmo diurno, la sangre latía diferente. De nuevo su sexo percutió detrás del pantalón. Percutieron su corazón, sus venas... Cuántas palabras en aquel momento para decirse que la deseaba, sencillamente. El sentimiento que Actité invocaba, el que inspiraba al menos, resultaba más incisivo que el inspirado por otras mujeres. Mientras la negra claridad de sus ojos descansaba en él, mientras el cuerpo de Actité se tensaba en espera del relato prometido, y su voz frágil repetía que lo contara y no se hiciera de rogar, y la misma fragilidad de su voz aceleraba la pulsión de su sangre, dilatando su deseo de poseerla, se desató la lengua de Aristarco y empezó a narrar el llamado "experimento". Parecía su lengua, tan diestra, contar por sí misma, desfachatada, coquetona. Ella quería igualmente enamorar a Actité, meterse en su boca, lamer sus dientes encantadores. Seguía, seguía su lengua sola narrando, en tanto que su cuerpo se pasaba al de Actité, buscaba acoplarse a sus senos, a su vientre, a sus pies lindos.

En uno de los instantes en que Aristarco recuperó el control de su lengua, anheló que su relato fuera maravilloso, tan maravilloso y sorprendente como el que hiciera Ulises a Penélope a su regreso, y su aventura con la noche tan sobrehumana, digna de la oyente. Anheló que ejerciera en ella el efecto del rapto, y al final la raptara. Por primera vez sin embargo vaciló, dudando del valor de lo que contaba y de la efectividad de su palabra.

Esperé la noche en mi casa. Miraba por las ventanas, salía al balcón. Era el final de una tarde de noviembre. Se arremolinaba la gente en las esquinas, subía a las guaguas, cerraban de golpe las portezuelas de los autos... Vi cerrar las casas, oí llamar con urgencia a los niños. *Apúrate. Nos coge la noche. Vamos, que se hace de noche. ¿No ves que va a oscurecer?*, sonaban por el aire. Se iba ahondando, más denso y presente, el espacio. Apresurados, los transeúntes abandonaban las calles, se metían en sus casas, buscando el amparo del techo. Algo, desde el cielo distante, empezaba a caer sobre la ciudad. Sólo los enfermos y él velaban, conocedores de que su llegada acrecentaría sus dolencias. Aristarco estaba dispuesto a recibirla serenamente. Inclinado, como el médico sobre su paciente, escrutar su estado y sus síntomas. Marcaba su reloj las seis. Asomado al balcón, vio avanzar el crepúsculo, el corto, evasivo crepúsculo del trópico. Un poco después, se encendieron las luces del alumbrado público: la ciudad iniciaba su defensa contra las sombras. Se percató de que la noche en la ciudad no sería noche: luces eléctricas la combatirían inflexibles. Era el momento de entrar. Los colores del crepúsculo se volvían indecisos.

Entré y me senté a esperarla.

La esperé vigilante, alerta, muy despierto. Siempre llegaba con pisadas ligeras, caía simulada. Deben fijarse, amigos míos, en que nadie dice "la caída de la mañana". La mañana no cae, entra, irrumpe agresiva y casi de una vez. La noche, por el contrario, no entra, cae. Si quien la vigila comete algún descuido, simuladora se apodera de todo: rincones, muebles, escaleras. Por eso deben vigilarla y sorprenderla en su caída. Entonces, apagar aparatos eléctricos, no encender lámparas, descolgar el teléfono o desconectarlo, de tenerlo alguien, pues de eso él no tenía. Con esas medidas preventivas, impedir que las luces del exterior y sus ruidos la contaminen y corrompan. En esto, dijo el Aguafiestas, consistían los preliminares de su aventura, para conservar, en lo posible, la pureza de la noche. Como advirtiera anteriormente, no resultaría fácil conseguirlo. Pero en el mundo actual, sólo con intentarlo, era suficiente para realizar el experimento. Bastaba para percibir algo de la esencia de la noche. Tal experimento, dijo en uno de sus repentes burlescos, podía llevarse solamente a cabo entre los meses de noviembre a febrero, etapa de nuestro raquítico invierno, sin correr el riesgo de morir, a causa del encierro, víctimas de una alferecía fulminante.

Al principio de su narración, después de mencionar la casa donde había realizado el experimento, notó que sus amigos y la propia Actité quedaron en insólito suspenso. Aristarco se dio cuenta de que esperaban sin interrumpir, como buenos investigadores, detalles acerca de esa casa, dónde se encontraba ubicada, si en el Vedado o en Luyanó, y cuál de los múltiples sitios en que habitara, totalmente ignorados por ellos, había sido convertido en laboratorio nocturno. La expectativa fue vana: no hubo detalles, y se sumieron de nuevo en el experimento.

Ya su reloj marcaba las siete. Supuso que afuera, en la ciudad, el crepúsculo daba paso a las primeras sombras. La noche parecía brotar del crepúsculo, por gradaciones sutiles, como del agua, el vapor y luego la nube. Percibió la atmósfera de su habitación perezosa, y que el silencio, acompañando su arribo, se dejaba como escuchar. Por tanto supo que la noche acudía a la cita, la dulce o la pavorosa. Con la mirada cerciorose de los preparativos, y de que la habitación se mantenía abierta.

Las cosas comenzaron a desaparecer: la esquina de un mueble, el borde de la pantalla de la lámpara, y después la pantalla. Se adensaban las sombras y se apoderaban despacio de la estancia.

Había empezado a cazarla. Se levantó de un salto, cerró la puerta, cerró las ventanas. Serás mi prisionera, dijo en voz baja, temiendo que la noche pudiera escucharlo. A este placer extraño siguió una corta lucha consigo mismo. Tuvo que abolir el impulso de encender las luces y abrir otra vez la estancia. Sus nervios, el instinto, la conciencia, intentaban defenderse de las tinieblas mudas. Tosió, alzó una mano. La tos le pareció, inmensa, resonar en una cueva desierta. Apenas vio su mano a medio nacer, esbozada, como un dibujo de niño. Estiró los dedos y apretó el puño. ¿Con su cuerpo desaparecería también su ser? Pero su mano aún le pertenecía —¿a quién?—, aunque menos física, un tanto inmaterial. Estiró con fuerza el brazo —¿izquierdo o derecho?, no lo supo bien—, y entregó, iniciando otra parte de su experimento, la mano a las sombras. La recuperó luego, acercándosela a los ojos. No le cabía duda: era menos suya: había estado del lado de allá y pertenecido a la noche.

Dispuesto a continuar, volví a mi asiento.

Se fijó en la mesa donde se hallaba la lámpara. Ambas, ahora, se habían apropiado de una dimensión distinta. ¿Realmente sería así?, se interrogó Aristarco. La noche, diluyendo la madera en la penumbra creciente, dotaba al conjunto de otra figura o permitía, con su lenta marejada negra, la manifestación de un nuevo aspecto. No me importaba la seguridad de que, levantándome y con un golpe de luz, podría devolverle su aspecto ordinario, o más bien, el ser que tuvieron en la luz. Durante el día sus bordes resultaban precisos, diáfano su diseño. Parecían entes racionales, conocedores de la lógica kantiana. Con la caída de la noche, si los dejaba libres, sin imposición, se alargaban lánguidos. Soñadores o creyentes en el inconsciente: adquirían aire de sonámbulos. Como eran dos, lámpara y mesa, podían representar al inconsciente colectivo.

La madera de la cómoda crujió con su crujido habitual, que Aristarco Valdés escuchara muchas veces, y se percató, sin embargo, de un cambio en su percepción: el crujido le resultó casi una queja. Sus nervios se estremecieron y sintió una punzada de temor. Consideró que la oscuridad agudizaba su imaginación, y un ruido cualquiera podía sonar con una tonalidad ignota.

Trató de ver otra vez el reloj: no distinguió las manecillas ni la hora que marcaban. La noche seguía fluyendo: sumaba sombras a la sombra. Tocó el reloj y lo aproximó a su oído: la maquinaria continuaba funcionando, y el reloj ya no le servía de nada. Como su habitación a cada momento se volvía más negra, sin duda, aunque el reloj no lo marcara para él, seguía el tiempo transcurriendo. Sentado en su puesto de observación, intentó calcular la cantidad de tiempo que podía haber pasado en realidad. Cuando distinguió por última vez el reloj, eran las siete. Quizá habían pasado treinta, cincuenta minutos.

La oscuridad, indudablemente, cambiaba mi noción del tiempo. Al dejar de estar medido y marcado por un aparato mecánico, el tiempo pasaba semejante a la noche. Lo sentía pasar y no podía verificar, cuantificar su curso. Pensé que había vuelto a la antigüedad, cuando el reloj era una gota de agua cayendo o una móvil punta en un cuadrante. Es decir: vago, inexacto, pastoso como el decursar de la noche. Creí que mi corazón y el latir de mis venas marcaban ahora el tiempo. Un tiempo invisible, sin objetivar. Tendría que oírlo al tiempo, como si esto fuera posible, oírlo en mi corazón. Me puse la mano en el pecho y conté por un rato sus latidos. Luego, apretándome las venas, me tomé el pulso. Todo inútil. El tiempo era, como la noche, una masa bruta, sin forma.

Finalmente se levantó y anduvo por la casa. Cuanto había sido próximo y habitual, con lo que hizo su existencia diurna, se había vuelto invisible y ajeno. Tocaba, y tenía que recordar para reconocer lo que tocaba. Caminó tanteando, dando tumbos, temiendo golpearse. Parecía caminar lejos de sí. La casa era otra, y por tanto, lo que en Aristarco Valdés tenía que ver con su casa, se perdía también en las tinieblas. Percibía pobremente objetos que en nada, o en muy poco, atañían a su persona diurna. A plena luz del día, existía un encadenamiento entre él y su casa, entre las cosas y sus pensamientos, y sus actos servían de mediadores habituales. Y tales actos, con la aparición de la noche, resultaban tanteos, puentes rotos. La noche y él se habían vuelto adversarios: se contemplaban sin comprenderse.

Tropecé con algo y me dije: “es mi cama”. Palpé sábanas, almohadas, con un vago sentimiento de posesión. “Es mi cama”, repetí, y casi lo grité. Me fui dejando caer con cuidado en algo que fue mío y apenas alcanzaba a reconocer. Con las manos aparté la noche. O mejor: violé sus sombras, mientras me dejaba caer. Recordé un instante parecido, cuando me sumergía en el mar y mi cuerpo abría las aguas, buscando su espacio en un espacio extraño. Así, quedé tendido, y como hacen las aguas del mar, pasado el momento, volvieron sobre mí las sombras de la noche. Tendido estaba, al igual que Filonús, pero muerto de miedo. Un miedo que él no mencionó, o que tal vez no conociera durante sus prácticas en el arte de tenderse en la cama. Hay un instante, anterior al dormir, en que cruzamos una zona desértica, en la que aceptamos dejar de ser diurnos, en la que renunciamos a todo conocimiento lógico, ordenado. En esa zona desértica, abandonamos nuestro yo y lo entregamos a lo desconocido. Durante ese instante, cuando cruzamos la zona desértica, impera un miedo singular, no estudiado por nadie. El miedo a la otra noche, a la pavorosa noche, en el curso de la cual somos o no somos, o dejaremos de ser. A esa noche se accede de cuando en cuando, a cortas dosis. Es bueno tomar un poco de agua azucarada, mojarse con ella los labios, para que nos ayude a cruzar.

Cuando yo era niño, creía que ese miedo se escondía en las sábanas o detrás de la cabecera de la cama, bajo el colchón, y esperaba la llegada de la noche para aparecer y acogotarme un minuto antes de que el sueño me salvara, llevándome a otro lugar. Me incorporaba en la cama y llamaba. Corrían, prendían la luz, alzaban sábanas y almohadas, para que comprobara que no había nada: que el miedo no estaba allí. Yo lo examinaba todo, desconfiando de que aquellas cosas, con la luz, se volvieran inofensivas y mustias, tan familiares. Volvía a meterme en la cama y apretaba bien los ojos. De pronto, era la mañana.

Esta vez, en el transcurso del experimento, metido en mi laboratorio, permanecí acostado. Ya no era un niño y me había convertido, por curiosidad pura, en un experimentador. Fue entonces que sentí plenamente al compañero de la noche, al silencio. Mi casa, ya lo dije, amigos míos, se convirtió en un espacio inhabitado, aunque fuera por un momento, que según ya conocen, no pude medir ni cuantificar, y echado en la cama me asedió el silencio fundamental, el del mundo sin palabras, sin la palabra del hombre. Si es difícil percibir la noche pura, más difícil es, en el espacio historiado y verbalizado, percibir el silencio en su crudeza, si puedo expresarme así. Puede elevarse el silencio en medio del diálogo, en un intervalo de soledad, y hemos tenido tal vez experiencia de su aparición durante esta larga noche, pero solamente se eleva como algo fugaz, que consigue hacer resaltar el poder de la palabra. El que yo sentí en mi cama, a oscuras, sitiado por la noche, despierto y solitario, era el silencio que la acompaña, el que se desprende de su llegada, el que le es consustancial: el silencio de la noche. Miré en torno a sabiendas de que resultaría inútil: las cosas, apenas visibles, no podrían defenderme ni darme ningún alivio. Quise gritar, llamar, pero tuve también el presentimiento o la sensación de que resultaría igualmente inútil. Me quedé tan quieto, esperando. ¿Esperando qué? He ahí, amigos míos, lo sobrecogedor: se espera sin saber lo que se está esperando. Y aunque pase el tiempo y nada llegue, temía que algo inhumano hubiera hecho de mí su presa. Justamente era eso: el silencio. Él me hizo sentir el pavor de la soledad del hombre en la tierra.

Salté de la cama.

Se quitó camisa y pantalón, zapatos y calzoncillos. Sentía la urgencia de mostrarse a la noche inhumana, y quedó completamente desnudo. Sin embargo su cuerpo se había simplificado, perdiendo los pies, la cabeza. Mirarse a un espejo en tinieblas sería altamente vano. Para recuperar sus brazos tenía que acercárselos a los ojos o estrecharse las manos como amigas que se dan un saludo nocturno. Abrumado, desairado, habló. ¿A quién hablaba, a cuál pedazo de sí hablaba?

Inesperadamente sentí un goce raro y peligroso: el de entregarme a la noche. Es decir, amigos, quedarme en calma, desintegrándome —deliciosamente— en la oscuridad. Permitirle a la noche que me tragara. Sentí ese goce, casi futuro, y reaccioné en su contra. Grité "espera, espera, todavía no ha llegado el momento". Pensé de repente y a continuación en mis amigos, en que para siempre tendría que abandonarlos. La desaparición que la noche le proponía, no tenía relación ninguna con una nueva etapa de evaporación u otro *hibernatus*, sino con la ausencia total. Reaccioné, y no me dejé agarrar. Como un Orfeo caribeño, ascendí de las tinieblas, sin escuchar las voces que me invitaban a quedarme.

Desesperadamente comencé a tocar mis partes, a besarme y acariciarme manos y brazos. Tuve un rapto, la necesidad ignota de masturbarme. Lo hice en un frenesí casi doloroso, unido a un júbilo inédito. El semen brotó con increíble energía. Me inundó la palma de la mano y corrió por mis dedos. Cerré el puño, dentro parecía vital. Salpiqué con él la sombra que hallé más densa en el piso, y las paredes de la casa. Espejearon. Contra el goterón de una pared, recosté la espalda hasta sentirla humedecida y tibia. Con el resto que quedaba en la mano, me unté el pecho.

Abrí luego las ventanas y encendí todas las luces.

Se hallaban sentados en el muro del Malecón, frente a la Avenida del Puerto. Aristarco miró hacia el mar de la bahía, negro, como la tinta opaco, tranquilizado, cautivo entre el muro del Malecón y las elevaciones de la Cabaña. Se dio cuenta de que Actité estaba muy sonreída y le preguntó el motivo, y ella terminó por soltar la risa. Me ha sorprendido tu experimento. De haberlo realizado Actité, hubiera permanecido quietecita hasta el amanecer, disfrutando de su relación con la noche. Eres voluntarioso en demasía, y temeroso de perder tu yo. Si algún día realizara tu experimento, nada tendría que temer: la noche y ella se conocerían al unísono, y esperaría el amanecer después: la transición del dos al uno.

Aristarco Valdés, dejando de mirarla, afirmó bruscamente que tal resultado lo obtendría con su experimento personal, y que de inmediato lo pusiera en práctica. Él ya había realizado el suyo. Actité volvió a sonreír. Ahora fui yo quien te echó el jarro de agua fría, dijo imitándolo.

La Habana, 1997

Se terminó la impresión de esta obra,
en los talleres gráficos de
EDITORIAL LINOTIPIA BOLÍVAR
Y CÍA. S. EN C.,
de la Calle 10 No. 26-47, tel. 3600455,
en el mes de julio de 2000.
Santafé de Bogotá, D. C. - Colombia